Die Formel gegen Alzheimer

DR. MED. MICHAEL NEHLS

DIE FORMEL GEGEN ALZHEIMER

Die Gebrauchsanweisung für ein gesundes Leben –
Ganz einfach vorbeugen und rechtzeitig heilen

HEYNE ‹

INHALT

SCHLUSSBEMERKUNGEN

KEINE ANGST VOR ALZHEIMER!

Die »Alzheimer-Krankheit unterscheidet sich von anderen Krankheiten dadurch, dass praktisch jeder sie irgendwann bekommt. Man muss nur alt genug werden.«[1] So fasste DIE ZEIT im Jahr 2008 die vorherrschende Lehrmeinung zusammen. Einfacher ausgedrückt, bedeutet das: Wer alt wird, wird dement. Das ist schlimm, aber es kommt noch schlimmer. Schließlich kann bisher kein Medikament die Krankheit verhindern oder sie wenigstens aufhalten. Dies sind die Gründe, weshalb die Angst vor Alzheimer bei den meisten Menschen an oberster Stelle steht.

Doch diese Angst ist unberechtigt. Mit dem richtigen Wissen können wir uns effektiv vor Alzheimer schützen und gleichzeitig ein wesentlich erfüllteres Leben führen: In meinem Buch »Die Alzheimer-Lüge – Die Wahrheit über eine vermeidbare Krankheit« konnte ich mithilfe Tausender wissenschaftlicher Studien zeigen, dass Alzheimer eine Mangelkrankheit ist. Sie wird verursacht durch eine moderne Lebensweise, die nicht mehr im Einklang mit unseren natürlichen Bedürfnissen steht. Beseitigt man die Mängel, gibt es keinen Grund mehr, an Alzheimer zu erkranken. Selbst vererbte Risiken verlieren ihre Wirkung, wenn man die ursächlichen Mängel rechtzeitig abstellt.

Diese neue Erkenntnis widerspricht der gängigen Lehrmeinung. Doch mittlerweile setzt ein Umdenken ein. Entsprechend erklärte Professor Richard Dodel auf dem größten deutschen Neurologen-Kongress am Welt-Alzheimertag 2016: »Wir haben zuverlässige Daten, dass ein gesunder und aktiver Lebensstil vor Alzheimer schützt.«[2]

Aber nicht nur das! Alzheimer ist sogar heilbar. Allerdings muss der ursächliche Mangel in der jeweiligen Lebensweise früh genug (!) erkannt und konsequent behoben werden. Immer mehr Ärzte und Therapeuten bieten Patienten und deren Angehörigen dazu die nötige Hilfe an.

Damit ist schon einiges erreicht. Aber es ist noch nicht genug. Zu wissen, dass eine gesunde Lebensweise vor Alzheimer schützt, ist eine Sache. Eine ganz andere ist es, dieses Wissen im Alltag umzusetzen. Um Ihnen den Weg zu einer hirngesunden Lebensweise zu erleichtern, habe ich dieses Praxishandbuch geschrieben.

Dabei sollte Ihnen schon jetzt etwas Wichtiges bewusst sein: Mängel zu beseitigen bedeutet keinen Verzicht, sondern ein Mehr an Vielfalt – auch an kostbarer Lebenszeit.

Ich wünsche Ihnen viel Erfolg und Lebensfreude!

Michael Nehls

ALZHEIMER
EINFACH
VERSTEHEN

VON PFLANZEN UND MENSCHEN

Wenn Sie schon einmal eine Topfpflanze gepflegt haben, werden Sie die Ursachen von Alzheimer leicht verstehen. Damit wird dann auch klar, wie Sie sich vor Alzheimer schützen können. Und weshalb es nur einen sinnvollen Weg in der Therapie geben kann.

Haben Sie sich schon einmal gefragt, warum ein Kaktus viel Sonne und Wärme benötigt, ein Farn hingegen es lieber schattig und kühl mag? Die Antwort ist ganz einfach: Die beiden Pflanzen haben eine unterschiedliche Herkunft. Um in trockenen Wüsten zu überleben, erwarben Kakteen die Fähigkeit, große Hitze zu ertragen. Um in dunklen Wäldern zu gedeihen, lernten Farne, mit wenig Sonnenlicht auszukommen.

Trotz dieser Unterschiede erkennen wir eine wichtige Gemeinsamkeit: Um zu überleben, passten sich beide Pflanzen an die jeweils vorherrschenden Lebensbedingungen an. Aufgrund dieser Anpassung »lieben« alle Pflanzen die jeweiligen Lebensumstände, an die sie angepasst sind. Folglich wird eine (Topf-)Pflanze nur gedeihen, blühen und Früchte tragen, wenn wir ihr genau das geben, was sie zu lieben gelernt hat. Also das, was sie braucht.

Wer einen grünen Daumen hat, macht also etwas ganz Einfaches: Er behandelt die Pflanze ihrer Herkunft entsprechend. Und das bedeutet, er behandelt sie artgerecht. Die Herkunft einer Pflanze bestimmt demnach ihre besonderen Bedürfnisse. Dieses Grundgesetz der Natur gilt für alle (!) Lebewesen, auch für den Menschen. Schließlich können nicht nur Pflanzen ihr gesamtes Leben lang wachsen, auch unser Gedächtnis kann es. Und das hat einen besonderen Grund.

Bekanntlich ist der Mensch weder das schnellste noch das kräftigste Lebewesen. Dennoch beherrschen wir die Erde. Was uns dazu befähigt, ist die enorme Leistungsfähigkeit unseres Gehirns: Es kann unser gesamtes Leben lang Erfahrungen sammeln, die wir mit anderen Men-

schen teilen können. Lebenswichtiges Wissen wird so von einer Generation zur nächsten weitergegeben. Menschen gestalten mithilfe ihres Gedächtnisses die Gegenwart und planen ihre Zukunft. Und sie arbeiten gezielt zusammen.

Tagtäglich neue Erfahrungen zu sammeln ist eine der wichtigsten Aufgaben unseres Gehirns. Deshalb sind wir von Natur aus neugierig. Je neugieriger wir sind, desto mehr wissen wir. Und dieses Wissen verleiht uns Macht: die Macht, unser eigenes Leben und das unserer Mitmenschen zu verbessern. Neugierig zu sein ist also eine gute Sache. Wenn wir uns für Neues interessieren, machen wir neue Erfahrungen. Dabei gilt folgender Zusammenhang: Je länger ein Mensch lebt, desto größer wird sein Erfahrungsschatz. Je größer sein Erfahrungsschatz, desto höher die Überlebenschance seiner Kinder und Enkel.

Es war schon in der Steinzeit ein gewaltiger Vorteil, alt und somit sehr erfahren zu werden. Alter war ursprünglich gleichbedeutend mit Weisheit. Deshalb wurden in alten Kulturen die Ältesten verehrt.

Unser Erfahrungsschatz wird in der Erinnerungszentrale unseres Gehirns aufbewahrt. Diese befindet sich im Bereich der Schläfen. Diese Erinnerungszentrale wird als Hippocampus bezeichnet. Hippocampus ist das lateinische Wort für »Seepferdchen« – und so ähnlich sieht dieser Teil unseres Gehirns auch aus, daher der Name. Weil Erinnerungen lebenswichtig sind, gibt es gleich zwei »Schatztruhen« für unsere Erfahrungen. Den Hippocampus gibt es also doppelt, weil dies bekanntlich besser hält. Er ist jeweils nur so groß wie ein Daumen. Dafür besitzt er die besondere Fähigkeit, unser gesamtes Leben lang wachsen zu können. Tagtäglich kann er Tausende neuer Nervenzellen bilden – bei Neunzigjährigen noch genauso gut wie bei Acht-

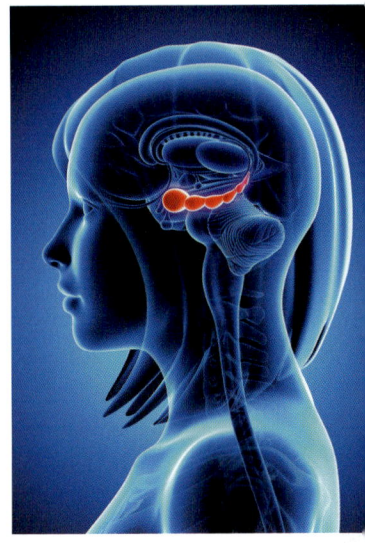

zehnjährigen. Aber keine Sorge, dass Ihr Hippocampus dabei derart an Größe zunimmt, dass er Ihr restliches Gehirn verdrängt und gefährdet. Zur Beruhigung eine kleine Rechnung: Der Hippocampus hat bei jungen Erwachsenen ein Volumen von etwa 2,5 Milliliter – wie gesagt, er ist etwa daumengroß. Ein Wachstum von 1 bis 2 Prozent pro Jahr würde über hundert Jahre gerechnet eine Gesamtgröße von etwa 5 bis 8 Milliliter ergeben. Das ist immer noch sehr wenig im Vergleich zum restlichen Gehirn. Dieses hat ein Volumen von etwa 1200 Milliliter. Aber noch wichtiger: Der Flüssigkeitsraum, der sich in und um unser Gehirn befindet, hat ein Volumen von etwa 400 Milliliter. In diesen Raum kann der Hippocampus problemlos hineinwachsen. Er hat hier ausreichend Platz für die gesammelten Erfahrungen eines sehr langen Lebens.

Das Wachstum des Hippocampus verbessert unser Gedächtnis. Aber nicht nur das: Die täglich neu gebildeten Nervenzellen machen uns auch psychisch widerstandsfähiger und schützen uns vor Alzheimer! Allerdings kann der Hippocampus nur wachsen, wenn wir artgerecht leben.

Die Frage ist also: Wie sieht ein solches artgerechtes Leben aus? Was sind die natürlichen Bedürfnisse des Menschen?

ARTGERECHT LEBEN – DER NATÜRLICHE SCHUTZ VOR ALZHEIMER

Wie bei den Pflanzen müssen wir auch beim Menschen seine Herkunft betrachten, wenn wir seine natürlichen Bedürfnisse verstehen wollen. Für unsere Entwicklung ist vor allem die Altsteinzeit von wesentlicher Bedeutung. Das liegt daran, dass diese Zeit in der Menschheitsgeschichte am längsten andauerte. Unsere Vorfahren hatten also ausreichend Zeit, sich perfekt an die damals vorherrschenden Lebensbedingungen anzupassen. Im Gegensatz dazu haben sich die kulturellen Entwicklungen in den letzten etwa hundert Jahren unglaublich schnell vollzogen. Sie brachten rasante Veränderungen unserer Lebensweise mit sich, an die sich unser Erbgut aufgrund der hohen Geschwindigkeit nicht anpassen konnte. Wir sind deshalb immer noch auf Steinzeit programmiert.

Auch wir lieben (wie die Pflanzen) eine Lebensweise, an die wir angepasst sind. Warum? Ganz einfach, weil sie uns das gibt, was wir zu einem erfüllten Leben benötigen. So wird auch heute noch jeder mit Glücksgefühlen belohnt, der artgerecht lebt. Dieses Wohlbefinden ist ein Zeichen dafür, dass der Hippocampus »wächst und gedeiht«: Tatsächlich »blühen« Menschen regelrecht auf, sobald sie ihr Leben wieder im Einklang mit ihrer Natur gestalten. Dazu müssen allerdings viele ungesunde Gewohnheiten erst überwunden werden, was leider oft nicht so leicht ist. Doch wer es wagt, der kann seinen Hippocampus zum Wachsen bringen. Und wenn das geschieht, dann werden wir widerstandsfähiger gegen Stress und entwickeln ein gesundes Interesse an neuen Herausforderungen. Menschen, deren Hippocampus gedeiht, erleben deshalb auch mehr. Und so werden die »Früchte« eines langen hirngesunden Lebens zu gesammelten Erfahrungen, Wissen und Weisheit – bis ins höchste Alter.

Insgesamt habe ich fünf Lebensbereiche definiert, die dafür entscheidend sind. Diese habe ich in einer Formel vereint. Sie war ein wichtiger Teil der »Methusalem-Strategie«, die ich schon vor etwa zehn Jahren veröffentlicht habe. Deren Strategie ist leicht erklärt: »Vermeiden, was uns daran hindert, gesund älter und weiser zu werden.« Schon damals, als ich die Formel entwickelte, wurde mir klar, dass Alzheimer kein unvermeidbares Schicksal sein kann. Dies würde der menschlichen Natur widersprechen. Interessanterweise spielen alle fünf Lebensbereiche auch eine wichtige Rolle beim Wachstum des Hippocampus. Die Anwendung der Formel schützt uns darum auch ganz natürlich vor Alzheimer. Deshalb nenne ich sie auch die »Formel gegen Alzheimer«.

DIE FORMEL GEGEN ALZHEIMER

Diese Formel lässt sich am besten bildlich darstellen. So können wir die fünf wichtigen Lebensbereiche für Gesundheit und Hippocampus-Wachstum im Zusammenspiel betrachten.

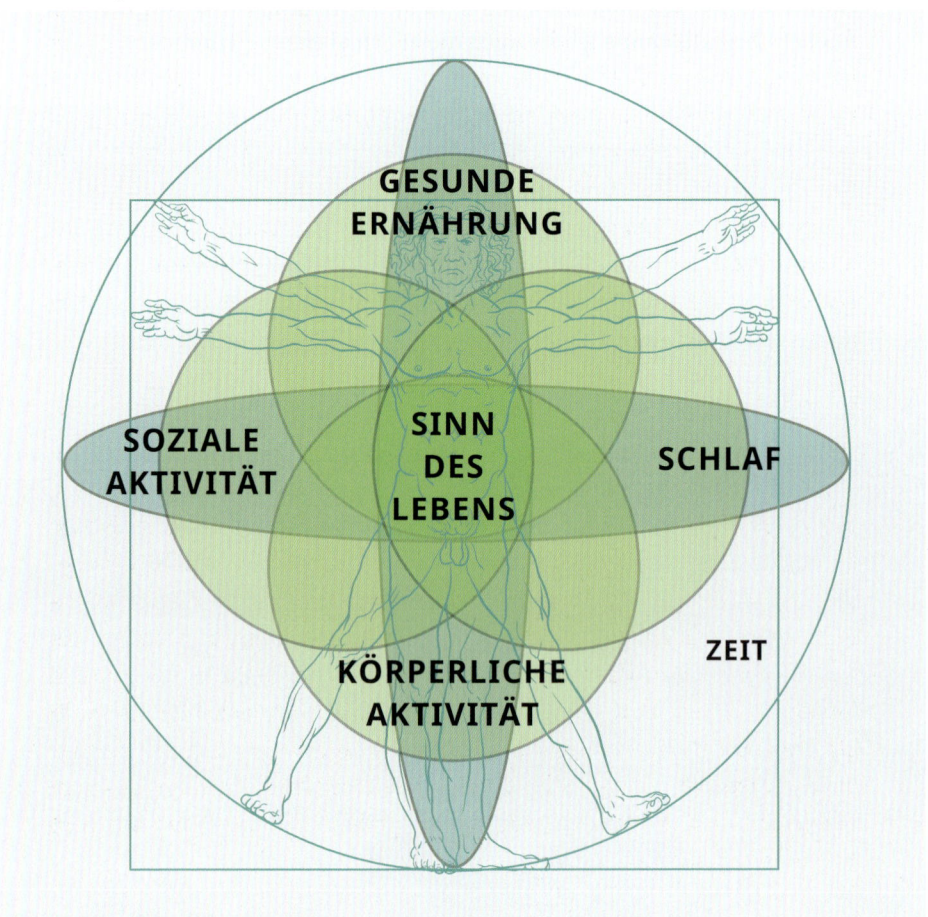

Um die Bedeutung der einzelnen Bereiche im Rahmen einer artgerechten Lebensweise besser zu verstehen, hilft uns ein genauerer Blick in die frühe Menschheitsgeschichte. Dabei gilt: Was damals normaler Alltag war, führte zu Anpassungen. Deshalb wäre diese Lebensweise für uns heutzutage immer noch natürlich. Dies gilt für alle fünf Lebensbereiche der Formel gegen Alzheimer.

1. GESUNDE ERNÄHRUNG

Unsere frühen Vorfahren waren vornehmlich Fischer und Sammler. Sie ernährten sich von den Früchten des Wassers (Fische, Muscheln und Krebstiere) und von denen des Bodens (Gemüse, Obst, Nüsse und nahrhafte Blätter/Salate). Manchmal kamen Vogeleier durch Nesträuberei dazu oder erbeutete Wildtiere. Während der Mensch größeres Wild nach seiner Ankunft in neuen Territorien meist ausrottete, blieben die Meere, Seen und Flüsse unversiegbare Nahrungsquellen. Nahrung in einer daraus resultierenden natürlichen Zusammensetzung liefert unserem Gehirn lebenswichtige Energie und wertvolle Baustoffe. Dadurch schützt sie uns vor Alzheimer und verspricht uns – im Vergleich zu allen anderen Arten der Ernährung – das längste Leben.

2. KÖRPERLICHE AKTIVITÄT

Damit Fischer und Sammler genügend zu essen hatten, mussten sie täglich mehrere Stunden aktiv sein. Und wer sich bewegte, erlebte Neues, das er sich gut merken musste. Denn nur wer sich erinnerte, wo er etwas zu essen fand oder wo Gefahr lauerte, überlebte. Der Hippocampus ist der einzige Bereich unseres Gehirns, der sich einmalige Erlebnisse merken kann. Bewegung regt deshalb sein Wachstum an. Nur so war sichergestellt, dass unsere Vorfahren in der Wildnis überlebten. Zudem verjüngt Bewegung sämtliche älteren Nervenzellen. Deshalb sind körperlich aktive Menschen geistig fitter als nicht aktive. Sie sind auch resistenter gegen Stress und leiden seltener an Depressionen. Insgesamt schützt uns Bewegung vor Alzheimer und vielen anderen Krankheiten und verlängert so unser Leben.

Auch heute noch schenkt das Weitergeben von Erfahrung, oder auch einfach die Tatsache, gebraucht zu werden, unserem Leben einen Sinn.

3. SCHLAF

Mittags, wenn die afrikanische Sonne senkrecht vom Himmel brannte, ruhten sich unsere Vorfahren im Schatten aus. Auch die Nacht nutzten sie zum Schlaf und zur Erholung. Für unsere geistige und körperliche Gesundheit sind deshalb Erholung (dazu gehört auch der Mittagsschlaf) und ausreichender Nachtschlaf von sehr großer Bedeutung. Das gilt bis ins höchste Alter. Zum einen wächst der Hippocampus nur im Schlaf. Aber auch viele andere Vorgänge, die unser Gehirn ein Leben lang immer weiter reifen lassen und uns vor Alzheimer schützen, benötigen dringend diese wiederkehrenden Zeiten der vollständigen Erholung.

4. SOZIALE AKTIVITÄT

Unsere Vorfahren mussten sich gegen Raubtiere und andere Gefahren schützen. Das gelang nur in der Gemeinschaft. Auch wer krank war, konnte nur mithilfe seiner Sippe überleben. Wir sind aus diesem Grund zu sozialen Wesen geworden und benötigen eine Familie oder zumindest ein soziales Umfeld, in dem wir uns geborgen fühlen. Aus demselben Grund mögen wir es, mit anderen Menschen zu feiern, Sport zu treiben oder etwas gemeinsam zu unternehmen. Gerne umgeben wir uns mit Menschen, die uns wichtig sind und die uns als wichtig anerkennen. Gesellschaftliche Aktivitäten sind aber auch entscheidend dafür, dass die neu gebildeten Nervenzellen im Hippocampus überleben. Deshalb schützt ein sozial aktives Leben vor Alzheimer – und auch vor vielen anderen modernen, oft stressbedingten Krankheiten. Schließlich machen uns die neuen Hirnzellen widerstandsfähiger gegen Stress.

5. LEBENSSINN

Die Jüngeren lernten von den erfahrenen Älteren, welche Dinge essbar und welche giftig waren. Auch, wie man mit einfachen Mitteln Werkzeuge herstellen konnte. Oder wie man mit natürlichen Mitteln Krankheiten behandelte. Diese Erfahrungen waren sowohl für die Jüngeren überlebenswichtig als auch für die Älteren. Schließlich gaben ihnen diese Verantwortung und diese Aufgabe bis ins höchste Alter einen Sinn im Leben. Dies ist auch die Erklärung dafür, weshalb der Mensch so außergewöhnlich alt werden kann. Dadurch können wir nicht nur für unsere Kinder, sondern auch für unsere Enkel da sein und sie mit unserer Lebenserfahrung unterstützen. Auch heute noch schenkt das Weitergeben von Erfahrung, oder auch einfach die Tatsache, gebraucht zu werden, unserem Leben einen Sinn. Und dieser trägt zum Wachstum des Hippocampus bei und schützt uns so vor Alzheimer.

Ich werde oft gefragt, was denn nun die wichtigste Maßnahme gegen Alzheimer sei. Es gibt diese eine Maßnahme nicht. Die Formel gegen Alzheimer zeigt: Jeder Bereich und jede Maßnahme sind gleich wichtig, wenn wir geistig und körperlich gesund bleiben wollen. Die Formel würde schief, wenn wir einem Bereich zu viel Aufmerksamkeit schenken würden und einem anderen zu wenig.

Um ein Ungleichgewicht zu vermeiden, habe ich alle Lebensbereiche in der Formel gegen Alzheimer in das Element Zeit eingebettet. Das hat mehrere Gründe. Die Uhr unseres Lebens schlägt im Takt unserer Erinnerungen. Nur durch ein erfülltes und artgerechtes Leben gewinne ich Lebenszeit: Erfüllung schenkt uns Erinnerungen. Und eine artgerechte Lebensweise hilft uns, diese zu bewahren. Darüber hinaus benötigen alle Bereiche unseres Lebens Zeit. Ich frage mich deshalb selbst immer wieder aufs Neue: Finde ich bei allem, was ich mir vornehme, auch noch genügend Zeit für Bewegung oder für Erholung und Schlaf? Nehme ich mir ausreichend Zeit für ein gutes Essen oder für Gespräche mit Freunden oder Familie? Und nicht zuletzt: Gibt das, was ich tue, meinem Leben einen Sinn? Umgekehrt führt ein Mangel an Zeit zu Stress. Ständiger Stress verhindert aber das Wachstum des Hippocampus und verursacht so auf Dauer Alzheimer. Zeitmangel wird auf diese Weise zum Risikofaktor, zu einer eigenständigen Ursache von Alzheimer, aber auch zur Ursache vieler anderer Volkskrankheiten.

Das Leben ist wie ein Drahtseilakt. Ständig droht der Absturz. Nicht alles können wir beeinflussen. Aber wir sind der Natur nicht hilflos ausgeliefert. Vieles, was in uns und um uns herum passiert, hängt auch von unseren Entscheidungen ab. Wenn man einige Zeit nach der Formel gegen Alzheimer gelebt hat, bekommt man immer stärker ein Gefühl

dafür, wann das Gleichgewicht ins Wanken gerät. Das sind die Zeiten, in denen man schlechte Entscheidungen trifft. Man fühlt sich unwohl, ist gereizt oder schläft schlecht. Mit der Formel gegen Alzheimer findet man jedoch schnell heraus, in welchem Bereich man gerade übertreibt und weshalb andere Bereiche zu kurz kommen. So etwas kann immer wieder sehr leicht passieren. Und zwar aus gutem Grund. Schließlich sind wir heute viel freier in der Gestaltung unseres Lebens als die Fischer und Sammler der Altsteinzeit. Unsere Vorfahren hatten keine Wahl, sie mussten im Einklang mit der Natur leben. Sie gab ihnen vor, wie sie sich zu verhalten hatten. Wer sich gegen die Natur verhielt, hatte keine Chance zu überleben. Wir hingegen können uns lange Zeit ganz und gar gegen unsere Natur verhalten. Wir können uns beispielsweise für ungesundes Essen entscheiden. Wie auch gegen ausreichend Schlaf. Oder gegen Bewegung. Schließlich verdienen die meisten Menschen ihren Lebensunterhalt im Sitzen. Wir können so ziemlich alles, was für den damaligen Fischer und Sammler noch natürlich (und alternativlos) war, völlig anders machen. Und das, obwohl seine Lebensweise für uns immer noch natürlich ist und notwendig wäre.

Die meisten Menschen wissen jedoch nicht einmal, was »artgerecht« in Bezug auf den Menschen bedeutet. Sie sind in der Mehrheit. Und was die Mehrheit macht, gilt tatsächlich als normal. Auch die Folgen davon. So ist es leider auch völlig »normal«, dass bei den meisten Erwachsenen der Hippocampus schrumpft. Jedes Jahr wird er im Durchschnitt um etwa 1 Prozent kleiner. Das bedeutet: Beim Siebzigjährigen ist er nur noch etwa halb so groß wie bei demselben Menschen im Alter von zwanzig Jahren. Und das, obwohl es eigentlich natürlich wäre, dass er lebenslang um ein paar Prozent wächst. Das kann er aber heute bei den wenigsten Menschen. Denn meistens fehlt etwas, was er dazu benötigt.

Das gestörte Wachstum, ja sogar Schrumpfen des Hippocampus führt dazu, dass davon viele Menschen mit zunehmendem Alter schwermütig und vergesslich werden. Langfristig entwickeln sie eine Alzheimer-Demenz. Doch das muss nicht sein. Wir müssen nur die natürliche Balance wiederherstellen, wie sie die Formel gegen Alzheimer aufzeigt. Diese Formel hilft uns, einen Überblick darüber zu bekommen, in welchen Lebensbereichen sich Mängel entwickeln können, die langfristig Alzheimer verursachen. Denn wie gesagt: Alzheimer ist nichts anderes als eine Mangelkrankheit.

ALZHEIMER IST EINE MANGELKRANKHEIT

Die unterschiedlichen Mängel verhindern alleine und gemeinsam das Wachstum des Hippocampus. Da diese Mängel in allen Bereichen der Formel gegen Alzheimer auftreten können, bleibt kaum jemand von Alzheimer verschont. Deshalb scheint es normal zu sein, dass man an Alzheimer erkrankt. Aber natürlich ist es deshalb nicht.

Natürlich werden wir älter.
Im Alter krank zu werden
ist deshalb jedoch nicht natürlich.

Es ist nicht das Alter, das den Hippocampus am Wachstum hindert und dadurch Alzheimer verursacht. Vielmehr sind es Mängel in unserer Lebensweise. Werden sie behoben, beginnt der Hippocampus wieder zu wachsen. Das gelingt auch noch im höheren Alter. Und das bedeutet: Das Alter ist nicht die Ursache dafür, dass der Hippocampus schrumpft und das Gedächtnis nachlässt. Es ist auch nicht die Ursache von Alzheimer. Aus diesem Grund ist das sehr beliebte Bild mit den drei Baum-Köpfen irreführend, wenn es in Bezug auf Alzheimer verwendet wird. Schließlich scheint es anzudeuten, dass das menschliche Gehirn im Laufe des Lebens ganz natürlich abbaut. In etwa so, wie ein Baum im Herbst sein Laub abwirft. Doch genau das Gegenteil ist der Fall. Unser Gehirn und insbesondere der Hippocampus können das ganze Leben lang reifen und wachsen. Für ihn gibt es weder natürlich einen Herbst noch einen Winter. Nur die unnatürliche und langfristige Einwirkung von Mängeln sorgt dafür, dass wir geistig abbauen und auf Dauer an Alzheimer erkranken.

Deshalb lehne ich die Bezeichnung Alterskrankheit ab. Unzählige Studien zeigen: Alzheimer ist eine Mangelkrankheit.[3] Das gilt aber nicht nur für Alzheimer. Dieselben Mängel, die Alzheimer verursachen, sorgen auch dafür, dass nahezu alle Menschen im Laufe ihres Lebens viele andere, vermeidbare Krankheiten entwickeln. Dazu gehören Depression, Übergewicht, Bluthochdruck und Zuckerkrankheit (Diabetes Typ 2), aber auch Gicht, Arteriosklerose (im Volksmund »Verkalkung« der Blutgefäße mit den Folgen von Herzinfarkt, Hirnschlag oder vaskulärer Demenz) sowie sehr viele Krebsarten. Alle diese Krankheiten sind im Grunde genommen ebenso unnatürlich wie Alzheimer. Deshalb ließen sich alle durch eine artgerechte Lebensweise weitgehend verhindern. »Weitgehend«, weil es in der Natur keine Gewissheiten, sondern nur Wahrscheinlichkeiten gibt. Aber diese können wir zu unseren Gunsten beeinflussen. Deshalb hat die Bezeichnung »Mangelkrankheit« mehrere Vorteile:

1. Sie macht uns die tatsächlichen Ursachen dieser Krankheiten deutlich, nämlich Mängel in unserer Lebensweise.

2. Sie weist darauf hin, dass wir dem Älterwerden nicht schutzlos ausgeliefert sind. Schließlich können wir die krankheitsverursachenden Mängel jederzeit beheben. Alzheimer kann man daher vorbeugen. Die Krankheit ist kein unabwendbares Schicksal.

3. Sie zeigt uns auch, wie man Alzheimer behandeln muss. Nämlich dadurch, dass man den jeweiligen krankheitsverursachenden Mangel rechtzeitig beseitigt. Dann kann sich der Hippocampus selbst wieder reparieren. Dazu ist er bestens in der Lage.

Den letzten Punkt beweisen erste Studien bei Alzheimer-Patienten: In frühen Stadien der Erkrankung konnte durch ein gezieltes Beheben der ursächlichen Mängel der geistige Abbau nicht nur gestoppt werden. Er ließ sich sogar wieder umkehren.[4] Dieser Erfolg kam nicht unerwartet. Ich hatte ihn schon einige Jahre zuvor vorhergesagt.[5] Es ist schließlich typisch für Mangelkrankheiten, dass Heilung in der Frühphase noch möglich ist. Verkalkte Blutgefäße können wieder entkalkt werden, eine gestörte Blutzucker-Regulation kann wieder normalisiert werden. Allerdings kann eine vollständige Heilung nur gelingen, wenn man alle ursächlichen Mängel rechtzeitig (!) behebt. »Rechtzeitig« bedeutet, die natürlichen Selbstheilungskräfte zu aktivieren, bevor Folgeschäden aufgetreten sind, die nicht mehr zu reparieren sind. Beispiele für irreparable Schäden wären erblindete Augen oder ein abgestorbenes Bein eines Diabetikers oder totes Hirn- oder Herzgewebe nach einem Hirnschlag oder einem Herzinfarkt infolge einer Arterienverkalkung. Auch bei Alzheimer wird bei weiterem Fortschreiten der Erkrankung Hirngewebe unwiederbringlich zerstört. Deshalb sollte man mit der Therapie so früh wie möglich beginnen. Das heißt, sobald erste Zeichen der Krankheit auftreten. Noch besser wäre es natürlich, die Krankheit gar nicht erst entstehen zu lassen.

Eine artgerechte Lebensweise lohnt sich also mehrfach: Beugen Sie auf natürliche Weise Alzheimer vor, dann sinkt auch Ihr Risiko, andere Mangelkrankheiten zu erleiden. Zudem wird Ihr Leben reichhaltiger und zufriedener!

ES GILT DAS GESETZ DES MINIMUMS

Eine natürliche Lebensweise steht im Einklang mit der Natur. Eine unnatürliche Lebensweise weicht davon ab und zeichnet sich durch Mängel aus. Um die Konsequenzen einer unnatürlichen Lebensweise besser zu verstehen, lassen Sie uns noch einmal auf die Pflanzen zurückkommen. An ihrem Beispiel lässt sich auch leicht erklären, weshalb uns Medikamente nicht viel nützen. Aber auch, weshalb es zu einer gesunden Lebensweise keine gesunde Alternative gibt.

Eine Pflanze benötigt Licht, Wärme, Wasser, Luft und viele verschiedene Mineralstoffe. Je nach Art braucht sie etwas mehr von dem einen und etwas weniger von dem anderen. Fehlt einer Pflanze jedoch nur ein einziges (!) der vielen Dinge, die sie zum Wachstum benötigt, dann geht es ihr schlecht. Dann hört sie auf zu wachsen. Sie verliert außerdem ihre Abwehrkräfte und wird anfälliger für Krankheiten. Vielleicht machen sich Schimmelpilze breit, oder Läuse greifen sie an und rauben ihr den Lebenssaft. Wir sehen die Pilze und die Läuse – und übersehen leider allzu oft die eigentliche Ursache: einen Mangel an Licht, an Wasser oder an irgendeinem lebenswichtigen Mineralstoff. Anstatt den krankheitsverursachenden Mangel zu korrigieren, verabreichen wir nun vielleicht der geplagten Pflanze ein Pflanzenschutzmittel. Es zerstört die Pilze und tötet die Läuse. Doch die Pflanze leidet weiter unter dem Mangel, der sie schwächte. Deshalb wird das Pflanzenschutzmittel nicht verhindern, dass die Pflanze eingeht. Nur wenn wir alle entscheidenden Mängel erkennen und rechtzeitig beheben, kann sie wieder gedeihen.

Dieses Verständnis der Natur wurde schon vor etwa zweihundert Jahren entwickelt. Mittlerweile ging es als Gesetz des Minimums sogar in die Schulbücher ein. Es besagt: Wenn einer Pflanze etwas Entscheidendes fehlt, ist ihr Wachstum gehemmt. Mangelt es einer Pflanze zum Beispiel an Wasser, nützt es nichts, wenn man ihr mehr Dünger gibt.

Landwirte kennen deshalb das Gesetz des Minimums. Aber eigentlich sollte es jeder Mensch kennen! Schließlich gilt das Gesetz für alle Lebewesen – auch für uns Menschen. Und es gilt insbesondere für das Wachstum des Hippocampus, das uns vor Alzheimer schützt.

Es ist tragisch, dass immer noch zu wenige Ärzte bei den typischen Mangelkrankheiten das Gesetz des Minimums anwenden. Es wird deshalb beim Patienten nicht gezielt nach dem Mangel gesucht, der die Krankheit verursacht. So kann er auch nicht gezielt beseitigt werden. Stattdessen bekommen die meisten Patienten nur Medikamente verabreicht. Diese bekämpfen die Folgen des Mangels, nicht die Ursache der Krankheit. Aber so wenig wie ein Pflanzenschutzmittel eine Pflanze wachsen lässt, wenn sie unter einem Mangel leidet, so wenig können Medikamente dem Hippocampus zum Wachstum verhelfen, wenn dieses durch einen Mangel gehemmt wird.

AUFGRUND DES MINIMUMGESETZES GILT DIE REGEL:

Kein Medikament kann einen Mangel ausgleichen, der durch eine artfremde Lebensweise verursacht wird.

Somit bleibt die erwünschte Wirkung aus. Stattdessen leiden viele Menschen noch zusätzlich unter den unerwünschten Nebenwirkungen der verabreichten Medikamente. Diese Nebenwirkungen werden dann wiederum oft mit weiteren Medikamenten behandelt. Dies ist mit ein Grund dafür, dass die Anzahl der täglich zu schluckenden Pillen zunehmend größer wird, je älter der Patient ist. Auch die Liste derjenigen Medikamente, die das Wachstum des Hippocampus beeinträchtigen, wird immer länger. Viele stehen deshalb unter dem Verdacht, Depressionen und Alzheimer sogar mit zu verursachen (siehe Seite 134: »Was Ihr Arzt überprüfen sollte«).

Um gesund zu bleiben oder wieder gesund zu werden, hilft uns nur selbstverantwortliches Umdenken und Handeln. Das sollte rechtzeitig passieren. Deshalb ist es wichtig, die frühen Anzeichen von Alzheimer ernst zu nehmen.

WAS SIND FRÜHE ANZEICHEN VON ALZHEIMER?

Die Alzheimer-Krankheit beginnt im Hippocampus. Er ist die Erinnerungszentrale für alles, was wir täglich erleben, fühlen und denken. Was er sich merkt, lässt sich mit »vier Ws« zusammenfassen: was wir wann und wo erlebt oder gedacht haben und wie es sich angefühlt hat. Ein Ereignis, das keine Gefühle auslöst, für uns also langweilig oder uninteressant ist, wird er sich nicht merken. Das bedeutet: Um unseren Erfahrungsschatz zu vergrößern und letztendlich unser gesamtes Leben reicher zu machen, müssen wir immer offen für neue Erfahrungen und Gefühle sein. Berühren uns neue Erlebnisse, Gedanken oder Gespräche auf die eine oder andere Weise auch vom Gefühl her, dann packt der Hippocampus sie in eine Art Tagebuch. Er weiß, welche Seiten in unserem Gehirn wir aufschlagen müssen, wenn wir uns etwas wieder ins Gedächtnis zurückrufen wollen.

Ist nun aber der Hippocampus in seinem Wachstum gestört und schrumpft, dann kann er keine neuen Seiten anlegen. Auch können wir das Tagebuch unseres Lebens entweder nicht mehr öffnen oder die Schrift immer schlechter lesen: Unsere Erinnerungen verblassen. Unser Gedächtnis wird schlechter. Schreitet die Krankheit ungehindert fort, dann kommt es so weit, dass wir uns an unser eigenes Leben nicht mehr erinnern. Wir verlieren gewissermaßen uns selbst. Schließlich ist jeder Mensch die Summe seiner Erinnerungen. Zudem fällt es uns immer schwerer, etwas zu planen, weil auch Planung immer Erinnerung voraussetzt. Wie soll man einkaufen gehen, wenn man vergessen hat, was noch im Kühlschrank ist oder wo sich der Supermarkt befindet? Oder wie man kocht? Mit der Erinnerung an die Vergangenheit verschwindet unsere Zukunft – und das noch zu Lebzeiten.

Kein Wunder also, dass die meisten Menschen Angst vor Alzheimer haben. Allerdings ist diese Angst unnötig, wenn wir rechtzeitig die Mängel beseitigen, die das Wachstum des Hippocampus behindern. Das sollte geschehen, noch bevor die ersten offensichtlichen Krankheitszeichen zu erkennen sind, jedoch spätestens dann.

ZU DEN WARNZEICHEN GEHÖREN:

- Erinnerungslücken, die das tägliche Leben erschweren. Dass man einen Schlüssel verlegt oder das Teewasser auf dem Herd vergisst, passiert schon mal, wenn man abgelenkt oder unkonzentriert ist. Aber wenn man sich nicht mehr daran erinnern kann, dass man den Schlüssel überhaupt in der Hand gehabt oder Teewasser aufgesetzt hat, dann ist das ein Warnzeichen. Auch wenn man Schlüssel (oder andere Gegenstände) an merkwürdigen Orten wiederfindet, sollte man wachsam werden.
- Betroffene können sich Inhalte von Gesprächen immer schlechter merken, weshalb sie immer wieder dieselben Fragen stellen. Letztendlich können sie Unterhaltungen immer schwerer folgen.
- Deshalb ziehen sie sich von ihrem sozialen Umfeld zurück. Eine Patientin berichtete mir, dass sie nicht mehr ans Telefon ging, weil sie Angst hatte, dem Gesprächsinhalt nicht folgen zu können. (Sie ist inzwischen von Alzheimer geheilt.)[6] Wenn ein Mensch in Gesellschaft etwas abseits steht, auf den Boden schaut und zu hoffen scheint, dass er nicht angesprochen wird (wie ein Schüler, der hofft, dass der Lehrer ihn nicht aufruft), dann könnte es sein, dass er Alzheimer hat.
- Psychische Veränderungen wie häufige Stimmungsschwankungen und Niedergeschlagenheit können ebenfalls ernst zu nehmende Hinweise sein. Das liegt daran,

dass der Hippocampus auf unseren Gemütszustand Einfluss nimmt.

- Angst vor Neuem ist ebenfalls ein Warnzeichen. Ist die Funktion des Hippocampus gestört, dann kommen wir schlechter mit stressreichen Situationen zurecht. Betroffene meiden daher alles, was für sie ungewohnt ist. Neues verursacht schließlich Stress. Am liebsten bleiben sie zu Hause, wo das Leben in geordneten und vertrauten Bahnen abläuft. Änderungen im Tagesablauf fallen ihnen immer schwerer.
- Das räumliche Verständnis ist früh und zunehmend gestört. So verlieren Betroffene die Fähigkeit, vom Ziffernblatt einer Uhr die Zeit abzulesen. Eine vorgegebene Uhrzeit zu zeichnen ist deshalb ein häufig durchgeführter und aufschlussreicher Frühtest.
- Da der Hippocampus auch für das Ortsgedächtnis zuständig ist, führt sein Verkümmern zu Problemen bei der Orientierung. Selbst gewohnte Wege zur Arbeit und zurück, zum Lebensmittelgeschäft um die Ecke oder zu Freunden werden zu einer Herausforderung, die immer schlechter gemeistert wird.
- Infolge zunehmender Schwierigkeiten beim Erinnern lassen sich alltägliche private oder berufliche Aufgaben immer schwieriger bewältigen. Am Anfang ist das meist nur dem Betroffenen bewusst.

Diese Einschränkungen können durch ganz verschiedene Krankheiten ausgelöst werden. Deshalb ist es wichtig, mit einem Arzt zu sprechen, um andere Ursachen auszuschließen. Aber selbst wenn es sich um Alzheimer handelt, liegt deshalb noch nicht zwingend eine Demenz vor. Diese ist eine Spätfolge und entwickelt sich erst im weiteren Verlauf der Krankheit.

Solange nur der Hippocampus betroffen ist, befindet sich der Betroffene noch in einer frühen Phase von Alzheimer. Hier ist die Fähigkeit, klar zu denken, noch nicht grundsätzlich zerstört, sondern nur verlangsamt. Betroffenen fällt es schwer, sich etwas Neues zu merken oder sich an Früheres zu erinnern. Da das restliche Gehirn in der Frühphase meist noch vollständig funktionsfähig ist, merkt der Erkrankte deutlich, dass mit ihm etwas nicht stimmt. Aber er ist noch nicht dement. Wird jedoch der Krankheitsprozess in dieser frühen Phase nicht gestoppt, befällt und zerstört er – vom Hippocampus ausgehend – nach und nach auch das restliche Gehirn. Dann entwickelt sich die Alzheimer-Krankheit tatsächlich zur Demenz. Im Endstadium fallen praktisch alle Hirnfunktionen aus.

Allein in Deutschland sind mittlerweile über 1,5 Millionen Menschen (Stand 2016) an einer chronischen Demenz erkrankt. Knapp zwei Drittel der Erkrankten leiden unter Alzheimer, etwa ein Fünftel unter einer »vaskulären Demenz«, die mit den hier vorgestellten Maßnahmen auch verhindert werden könnte. Würden alle diese Menschen zusammen in einer einzigen Stadt wohnen, wäre diese etwa so groß wie München.

DER VERLAUF DER ALZHEIMER-KRANKHEIT

Zusammenfassend kann man den Verlauf der Alzheimer-Krankheit grob so einteilen:

- Am Anfang der Frühphase spürt meist nur der Betroffene die ersten Anzeichen. Wir nennen dies subjektiven geistigen Abbau oder im weiteren Verlauf milde geistige Beeinträchtigung. Spätestens am Ende der Frühphase bemerkt auch das Umfeld immer deutlicher, dass etwas nicht stimmt. Noch ist der Krankheitsprozess aber weitgehend auf den Hippocampus beschränkt und damit umkehrbar.

- In der mittleren Phase wird dann auch zunehmend das restliche Gehirn in Mitleidenschaft gezogen. Die Krankheit wird für alle Beteiligten zur Belastung.

- In der späten Phase erlebt meist nur noch das Umfeld die zunehmende Zerstörung. In dieser letzten Phase der Erkrankung ist sich der Patient seiner Krankheit sehr wahrscheinlich nicht mehr bewusst. Auch der körperliche Verfall schreitet meist rasant voran.

FRÜHERKENNUNG IST GUT – VERMEIDUNG NOCH BESSER!

Wie schon gesagt: Der Hippocampus kann, im Gegensatz zum restlichen Gehirn, lebenslang wachsen und sich damit auch regenerieren. Das bedeutet, solange in der Frühphase der Alzheimer-Krankheit hauptsächlich der Hippocampus betroffen ist, kann man den Krankheitsprozess nicht nur stoppen, sondern sogar noch umkehren. In über einem Dutzend dokumentierter Fälle ist dies mittlerweile gelungen. Und jeder einzelne Fall ist erstaunlich, schließlich galt die Krankheit bisher als unheilbar. Unheilbar ist Alzheimer tatsächlich, wenn man sich nur auf Medikamente verlässt.

Doch schon der Urvater der Medizin, der berühmte Hippocrates von Kos, wusste, was heutzutage leider in Vergessenheit geraten ist:

Hippokrates lebte vor etwa 2500 Jahren und wurde über neunzig Jahre alt.

> *»Wenn du nicht bereit bist,*
> *dein Leben zu ändern,*
> *kann dir nicht geholfen werden.«*

Weil eine Umkehr in der frühen Phase der Alzheimer-Krankheit noch möglich ist, gebe ich jedem den Rat, es sehr ernst zu nehmen, wenn er ein oder mehrere der oben aufgeführten Anzeichen bei sich oder seinem Lebenspartner, Freund oder Verwandten bemerkt. Der Betroffene sollte einen Arzt aufsuchen und sich untersuchen lassen. Welche Untersuchungen meines Erachtens erfolgen müssten, sehen Sie in Teil 3. Dabei geht es nicht nur darum, herauszufinden, ob tatsächlich Alzheimer die

Erklärung für die beobachteten Veränderungen ist. Es geht auch darum, die möglichen Ursachen zu erkennen und abzustellen.

Leider gehen zu wenige Menschen rechtzeitig zum Arzt. Dafür gibt es viele Gründe. Zum einen werden die Krankheitszeichen immer wieder verharmlost. So schiebt man sie darauf, schlecht geschlafen zu haben oder vermehrt Stress ausgesetzt gewesen zu sein. Das kann zwar sein, dennoch ist Vorsicht geboten.

Sehr häufig werden Gedächtnisprobleme auch mit dem Altern erklärt und abgetan. Wie Sie nun wissen, ist diese Begründung grundlegend falsch – und zugleich fatal. Unsere geistige Fitness geht mit dem Älterwerden nicht automatisch verloren – doch mit dieser Erklärung verlieren wir Zeit, die wir nutzen könnten, um gegen die Krankheit anzukämpfen. Zum anderen ist Alzheimer in unserer Gesellschaft immer noch mit Vorurteilen belegt. Deshalb ist es vielen Betroffenen schlichtweg peinlich, offen über ihre Probleme zu sprechen. Stattdessen ziehen sie sich zurück. Das ist aufgrund der Besonderheit der Krankheit zwar verständlich, aber dennoch ein tragischer Fehler. Mit der selbst gewählten sozialen Isolation beschleunigen sie den geistigen Abbau und vergeben die Chance auf eine Therapie, die noch Heilung bringen könnte. Angehörige, der Partner oder Freunde sind daher sehr wichtig, wenn es darum geht, Hilfe zu suchen. Und nicht zuletzt steckt auch bei vielen Ärzten noch die Vorstellung in den Köpfen, Alzheimer sei unheilbar. Da sie glauben, nichts ausrichten zu können, versuchen sie, das Problem herunterzuspielen, um den Patienten zu beruhigen, und verschleppen damit den Therapiebeginn.

Ideal wäre es natürlich, wie schon zuvor erwähnt, erst gar nicht an Alzheimer zu erkranken. Wie man der Krankheit vorbeugen kann, beschreibe ich im nächsten Teil dieses Buches. Zusätzlich sind die Ratschläge auch von grundlegender Bedeutung für die effektive Therapie im frühen Stadium der Alzheimer-Krankheit.

ALZHEIMER
EINFACH
VERMEIDEN

DIE FORMEL FÜR EIN HIRNGESUNDES LEBEN

Sie wissen nun, dass Sie sich vor Alzheimer grundsätzlich schützen können. Das Ziel muss sein, alle Mängel zu beheben, die das Wachstum des Hippocampus hemmen. Aber es geht auch darum, Giftstoffe, die das Gehirn schädigen, so gut wie möglich zu vermeiden.

Es gibt viele Möglichkeiten, dafür zu sorgen, dass kein Mangel entsteht. Jeder Mensch hat von Natur aus eigene Vorlieben und Interessen. Nehmen wir zum Beispiel den Bereich Bewegung. Es gibt Hunderte von Möglichkeiten, körperlich aktiv zu sein: Joggen, Tanzen, Spazierengehen, Radfahren, Klettern, Gärtnern und so weiter. Was am Ende zählt, ist die Auswahl einer Art von Bewegung, die man gerne und deshalb immer wieder macht. Die folgenden Ausführungen sind deshalb nur als Anregung zu verstehen.

Das Programm für ein erfülltes Leben und gegen Alzheimer ist also sehr individuell. Jeder kann (und sollte) seinen eigenen Weg suchen und beschreiten. Wichtig ist, dass in keinem Bereich ein grundlegender Mangel besteht. Ebenso wichtig ist auch, dass Umwelteinflüsse, die das Gehirn schädigen, so gering wie möglich gehalten werden. Die Formel gegen Alzheimer ist eigentlich die Formel für ein hirngesundes und erfülltes Leben. Da alle Lebensbereiche miteinander in enger Verbindung stehen, ist es möglich, in mehreren Bereichen gleichzeitig aktiv zu sein.

Dies ist überaus praktisch; so schlägt man mehrere Fliegen mit einer Klappe. Als Beispiel nehmen wir das gemeinsame Gärtnern. Dadurch ist man zugleich körperlich und sozial aktiv und erntet auch noch frisches Obst und Gemüse, sorgt also für eine gesunde Ernährung. Scheint dabei die Sonne, produziert man zudem noch körpereigenes Vitamin D. Zusätzlich gilt: Je natürlicher das Licht am Tag, desto tiefer der Schlaf in der Nacht. Mit dem Wandern, Tanzen oder Kochen ist es ähnlich. In der Gemeinschaft macht es mehr Spaß, sorgt für Gespräche und Erinne-

rungen. Dennoch werde ich im Weiteren die einzelnen Lebensbereiche von den anderen losgelöst besprechen. So wird ihre Bedeutung leichter verständlich. Aber ich werde immer wieder darauf hinweisen, welchen Vorteil es hat, sie mit anderen Bereichen zu verbinden, und dafür praktische Beispiele anführen.

KÖRPERLICHE AKTIVITÄT

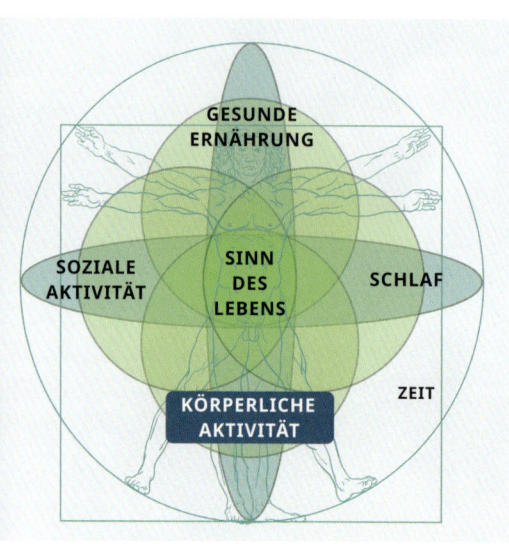

Über die längste Zeit der Menschheitsgeschichte gab es weder Supermärkte noch Autos. Unsere Vorfahren, Fischer und Sammler, mussten täglich fischen, jagen und sammeln. Sie waren also körperlich aktiv, um zu überleben. Aus dieser Notwendigkeit ist ein Bedürfnis geworden. Bewegung signalisiert dem Hippocampus, dass wir etwas unternehmen und erleben. Diese Signale lassen neue Nervenzellen im Hippocampus entstehen. Je mehr Bewegung, desto größer das mögliche Wachstum. Allerdings müssen wir uns schon selbst bewegen, aus eigener Muskelkraft. Es nützt nichts, Auto, Bus oder Zug zu fahren oder anderen beim Sport zuzusehen. Der Hippocampus lässt sich nicht täuschen!

Körperliche Aktivität sorgt bekanntermaßen dafür, dass Muskeln wachsen, Blutwerte sich verbessern, Herz und Kreislauf immer fitter werden. Denselben Effekt wie auf die Muskeln hat Bewegung auch auf unser Gehirn. Das gilt in jedem Alter, selbst noch mit über neunzig Jahren. Bewegung sorgt auch für eine verbesserte Blutversorgung des Gehirns und reinigt es von schädlichen Giftstoffen. Zudem regt sie die Verjüngung älterer Nervenzellen an. Körperlich aktive Menschen sind deshalb geistig fitter, haben ein besseres Gedächtnis und sind psychisch belastbarer.

Könnte die Pharmaindustrie die unzähligen Vorteile von Bewegung in ein Medikament packen, würde sie sehr viel Geld verdienen. Doch das gelingt ihr nicht. Es ist einfach unmöglich, unseren Körper derart zu täuschen. Um in den Genuss der gesundheitlichen Vorteile von körperlicher Aktivität zu kommen, bleibt nur eines: Wir müssen uns selbst bewegen.

Glücklicherweise ist es unserem Gehirn weitgehend gleichgültig, welcher Art von körperlicher Aktivität wir nachgehen. Wir müssen also nicht fischen, jagen oder Früchte sammeln, um Wachstumssignale an unseren Hippocampus zu senden. Wichtig ist nur, dass wir uns ausreichend bewegen. Schon eine Stunde täglich bewirkt sehr viel und ist ein guter Anfang! So halbiert regelmäßige Gartenarbeit das Risiko, an Alzheimer zu erkranken. Ebenso wie Wandern oder Tanzen. Alle körperlichen Aktivitäten sollten jedoch leicht anstrengend sein. Das bedeutet, dass man dabei schon etwas kräftiger atmen muss als in Ruhe. Allerdings sollte man sich dabei immer noch unterhalten können. Auf diese Weise stellt man sicher, dass der Kreislauf zwar in Schwung kommt, man sich aber nicht überanstrengt. Ein guter Test für das richtige Maß an Anstrengung ist, den Mund für einige Zeit geschlossen zu halten. Solange man durch die Nase noch genügend Luft bekommt, ist die Anstrengung nicht zu hoch.

Es muss kein Leistungssport betrieben werden, um den Hippocampus zum Wachstum anzuregen. Trotzdem sollten Sie sich von Ihrem Arzt untersuchen lassen, bevor Sie beginnen, körperlich aktiver zu werden, als Sie es bisher gewohnt waren. Insbesondere bei hohem Blutdruck oder ungünstigem Fettstoffwechsel, bei Vorliegen einer Blutzuckerstörung oder bei Übergewicht ist dies angeraten. Auch wenn Sie regelmäßig Medikamente einnehmen, sollten Sie Ihren Arzt fragen, wie Sie sich am besten verhalten. Ferner sollte Ihr Arzt sich Gedanken machen, ob Sie diese Medikamente weiterhin benötigen. Viele Krankheiten bilden sich zurück oder verschwinden ganz, sobald Sie beginnen, die Formel gegen Alzheimer auf Ihr Leben anzuwenden. Sie können dann zusammen mit Ihrem Arzt möglicherweise viele Medikamente deutlich reduzieren oder ganz absetzen. Ihr Arzt sollte Ihnen auch sagen, welche Bewegungsarten er bei eventuell vorliegenden körperlichen Einschränkungen für sinnvoll hält. Bei Übergewicht könnte er Ihnen zum Beispiel empfehlen, zu schwimmen oder Rad zu fahren. Diese beiden Sportarten sind grundsätzlich schonender für die Gelenke als beispielsweise Joggen. Selbst wer einen Rollator benötigt, kann mit mehr Bewegung seine Fitness steigern und ihn womöglich nach einiger Zeit zu Hause stehen lassen. Auch wenn jemand auf einen Rollstuhl angewiesen ist, spricht oft nichts dagegen, zumindest mit den Armen zu trainieren. Jeder Meter aus eigenem Antrieb zählt. Es gibt in fast allen Fällen eine Möglichkeit, täglich etwas »ins Schwitzen« zu kommen. Nur in ganz wenigen Ausnahmefällen ist Bewegung grundsätzlich unmöglich (dann kann und muss das Hippocampus-Wachstum rein über soziale Aktivitäten angeregt werden; auch das ist, wie wir noch sehen werden, möglich).

Damit Sie immer mehr Freude an der Bewegung entwickeln, steigern Sie Ihre körperlichen Aktivitäten langsam. In meinem Buch »Herausforderung Race Across America« beschreibe ich meine eigene Erfahrung, wie ich übergewichtig und herzinfarktgefährdet mit dem Radfahren begann. Dies tat ich rein aus gesundheitlichen Gründen. Dabei lernte ich schnell: Wer körperliche Ausdauer trainieren will, benötigt psychische Ausdauer. Nur in kleinen Schritten werden wir fitter – körperlich und geistig. Wer zu schnell zu viel möchte, bewirkt meist das Gegenteil. Damals arbeitete ich als Forschungsleiter und Vorstandsvorsitzender eines Biotechnologie-Unternehmens. Trotz einer Sechzig-Stunden-Woche fand ich täglich etwas Zeit zum Trainieren. Lange hatte ich geglaubt, so viel Zeit gar nicht übrig zu haben. Und tatsächlich: Tag für Tag ging es mir körperlich und mental ein wenig besser. Schon nach einem halben Jahr fragte mich mein Arzt, ob ich in einen Jungbrunnen gefallen sei. Geduldig steigerte ich sehr, sehr langsam meine Leistungsfähigkeit. So wie eine Schaukel, die man mit nur wenig Aufwand, einem kleinen Stoß, immer weiter zum Schwingen bringen kann. Nach etwa sechs Jahren regelmäßigen Trainings konnte ich beim härtesten Radrennen der Welt teilnehmen – 4800 Kilometer quer durch die USA – und erreichte sogar das Ziel.

Ich bin zuversichtlich, dass sich auch bei Ihnen sehr bald Trainingseffekte zeigen werden. Der menschliche Körper ist in jedem Alter fähig, fitter zu werden. All denen, die schon lange keinen Sport mehr betrieben haben, empfehle ich, einen erfahrenen Trainer in einem

Sportverein oder in einem Fitnessstudio aufzusuchen. In Absprache mit einem Arzt und aufgrund der Ergebnisse eines Fitnesstests sollte er einen Trainingsplan für Sie entwickeln. Dieser wird dann auf Ihre Vorlieben und Bedürfnisse abgestimmt. Das ist sehr wichtig, denn es fördert die Motivation. Und Ihre Motivation entscheidet darüber, ob Sie sich bewegen oder doch lieber im Sessel sitzen bleiben.

Die Motivation für unsere Vorfahren war, nicht zu verhungern. Die Frage ist: Was ist die Ihre? Gesund älter zu werden? Sicherlich. Viele Menschen beginnen aus gesundheitlichen Gründen damit, Sport zu treiben. Doch dieses Motiv hält oft nicht lange an. Bewegung muss Spaß machen. Nur wenn wir uns gerne bewegen, stellt sich die Frage nach der Motivation nicht mehr. Meist hilft es, sich mit anderen zusammen zu bewegen. Schließlich ist der Mensch ein soziales Wesen. Ich empfehle daher, sich mit Freunden oder dem Lebenspartner zu gemeinsamen sportlichen Unternehmungen zu verabreden. Schon allein deshalb, weil es schwerer fällt, anderen abzusagen, als sich selbst. Auch ist es nützlich, ganz konkrete Ziele zu verfolgen, um bei der Stange zu bleiben. Es müssen jedoch erreichbare Ziele sein, sonst bewirken sie genau das Gegenteil. Auch Zwischenziele, die immer wieder gut machbar sind, helfen dabei, motiviert zu bleiben. Man kann sich zum Beispiel vornehmen, in einiger Zeit einen Berg zu erklimmen, ein bestimmtes Gewicht heben zu können oder auch mit seinem Partner einen neuen Tanz zu beherrschen.

MEIN TIPP: Führen Sie ein Bewegungstagebuch. Dort tragen Sie Ihre Ziele ein, dann alle Ihre körperlichen Aktivitäten. Diese sollten abwechslungsreich sein. Routine und Langeweile können Gründe dafür sein, dass man die Lust verliert. Abwechslung ist aber auch aus gesundheitlicher Sicht sehr wichtig. Besonders gut ist es, Ausdauer-, Kraft-, Stabilitäts- sowie Flexibilitätstraining zu variieren und zu kombinieren. So

Meist hilft es, sich mit anderen zusammen zu bewegen. Schließlich ist der Mensch ein soziales Wesen.

beugt man einseitigen Belastungen vor. Zudem verbessern sich dadurch alle Körperfunktionen. Krafttraining stabilisiert die Gelenke, was wiederum dem Ausdauersport zugutekommt. Bei einer Spielsportart wie Tennis oder Fußball senkt es das Verletzungsrisiko. Ausdauertraining verbessert gezielt Herz und Kreislauf, was wiederum das Krafttraining erleichtert. Flexibilitätstraining hilft, Verspannungen zu verhindern und die Faszien (das Bindegewebe) geschmeidig zu halten, um so auf lange Sicht beweglich zu bleiben. Kraft, Stabilität und Elastizität verknüpfen sich zum Beispiel gut im Yoga, das zudem auch noch andere Bereiche anspricht: Gerade hier geht es darum, sich bewusst Zeit für sich selbst zu nehmen und sich darauf zu besinnen, was wirklich zählt.

Eine bewegte Woche könnte so aussehen: An zwei bis drei Tagen Ausdauersport (zum Beispiel Radfahren, Wandern, Spazierengehen oder Schwimmen), an den anderen Tagen Krafttraining oder Yoga. Wobei ich empfehle, jeden Tag die wichtigsten Muskelgruppen zu dehnen. Dies hilft, zu regenerieren und den Körper elastisch zu halten. Letztendlich geht es auch um eine Änderung des alltäglichen Bewegungsverhaltens. Um das Wachstum des Hippocampus optimal auf Trab zu halten, sollte körperliche Aktivität Teil Ihres Alltags werden.

Das bedeutet: Wann immer sich die Gelegenheit bietet, etwas aus eigener Kraft zu tun, sollten Sie auf technische Hilfsmittel verzichten! Auch das zeigt schon enorme Wirkung. Wer beispielsweise mit dem Fahrrad zur Arbeit fährt, halbiert (!) sein Risiko, eines Tages an Krebs zu erkranken oder einen Hirnschlag oder Herzinfarkt zu erleiden. Im Vergleich zu Menschen, die vorwiegend motorisiert unterwegs sind, erkranken Radfahrer auch nur halb so oft an Alzheimer. Außerdem schont man dabei die Umwelt – und spart auf vielfältige Weise Zeit. Zum einen steht man nicht im Stau und muss keinen Parkplatz suchen. Zum anderen hat man die Zeit, die man im eigenen Auto oder einem öffentlichen Verkehrsmittel verbringt, für lebenswichtige Bewegung genutzt.

EIN WEITERER TIPP: Kaufen Sie sich einen Schrittzähler. Diese Geräte sind mittlerweile recht kostengünstig und für viele Menschen

sehr motivierend. Etwa 10 000 Schritte sind ein hervorragendes Tagesziel. Dies entspricht in etwa zwei Stunden zügigem Wandern. Wer seinen Schrittzähler nicht nur beim Sport, sondern auch im beruflichen oder privaten Alltag trägt, wird eher gesundheitsförderliche Entscheidungen treffen. Schließlich werden die Schritte auf der Treppe ins nächste Stockwerk gezählt, das Warten auf den Aufzug und das Stehen darin jedoch nicht. Selbst zu Fuß einzukaufen oder die Wohnung zu saugen werden zu messbaren Aktivitäten, die gezählt und somit dokumentiert werden.

EIN LETZTER TIPP: Bewegen Sie sich, wann immer möglich, in der freien Natur. Genießen Sie die natürlichen Farben und Gerüche lebendiger Wälder und Wiesen. Dort ist die Luft mit frischem Sauerstoff angereichert. Zudem unterstützt uns natürliches Tageslicht dabei, nachts besser zu schlafen. Und man bekommt – zumindest im Sommer, wenn die Sonne scheint – zusätzlich Vitamin D bildende Sonnenstrahlen ab. Alle diese natürlichen Einflüsse sind wichtig, damit der Hippocampus wächst – und Sie Alzheimer vergessen können. Darüber hinaus gibt uns Bewegung in der Natur das oft verloren gegangene Gefühl zurück, dass wir ein Teil von ihr sind. Dies schafft das lebenswichtige Vertrauen in die Fähigkeit unseres Körpers, auf ganz natürliche Weise seine Gesundheit zu erhalten oder wiederzugewinnen.

Sobald Sie sich an mehr Bewegung gewöhnt haben, spürt es Ihr Körper sofort, wenn Sie wieder längere Zeit inaktiv werden sollten. Dann fehlt Ihnen etwas. Sie werden unruhig und unzufrieden. Dies ist ein gutes Zeichen! Es bedeutet, dass Sie wieder ein gesundes Gefühl für Ihr natürliches Bewegungsbedürfnis entwickelt haben. Und das hat nichts mit krankhafter Sportsucht zu tun. Sie haben ja auch täglich Durst, Hunger oder das Bedürfnis zu schlafen. Der Drang zur Bewegung ist genauso natürlich! Wie natürlich er ist, lässt sich leicht bei kleinen Kindern beobachten. Sie wollen oft nicht stillsitzen. Das ist auch gut so, denn nur in Bewegung, bei Spiel und Sport, können sie ein gesundes Körpergefühl entwickeln, und ihr Gehirn kann optimal wachsen. Daran ändert sich auch mit dem Älterwerden nichts.

MEIN DRINGENDER RAT: Erleben Sie Ihren Körper täglich. Aber machen Sie sich auch keinen Stress, wenn er Ruhe benötigt. Wir werden nur fitter – körperlich und geistig –, wenn wir Bewegung in Form von Anspannung und Entspannung im Wechsel genießen.

SOZIALE AKTIVITÄT

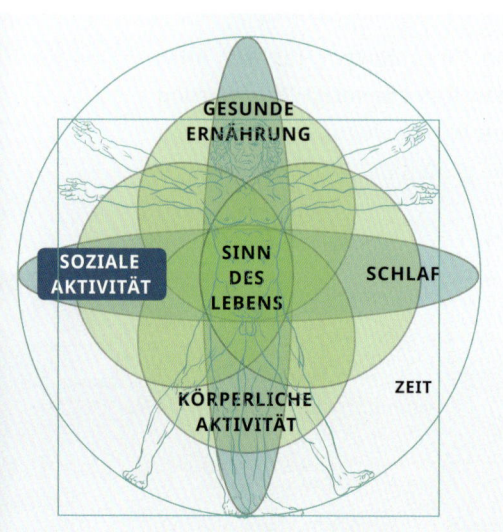

Wer sich bewegt, signalisiert dem Hippocampus, dass er neue Nervenzellen bilden soll. Dies schützt vor Alzheimer. Aber auch soziale Kontakte lassen den Hippocampus wachsen. Hier ein Beispiel: Für eine Studie wurden Rentner und Pensionäre gebeten, Schulkindern bei den Hausaufgaben zu helfen. Manche machten mit, andere nicht. Bei allen Senioren wurde der Hippocampus vermessen. Zunächst am Anfang des sozialen Programms und dann nochmals zwei Jahre später. Bei denjenigen, die den Schülern halfen, wuchs der Hippocampus. Bei den anderen schrumpfte er. Das gilt, wie gesagt, als normal, ist aber nicht natürlich.

Wie regen nun solche gesellschaftlichen Aktivitäten das Wachstum des Hippocampus an? Erstens werden Hormone wie Oxytocin freigesetzt, die die Bildung neuer Nervenzellen anregen. Gleichzeitig sorgen sie dafür, dass wir uns wohlfühlen. Und so reduziert sich das Stresshormon Cortisol, das das Wachstum des Hippocampus hemmt. Zweitens sorgt das Zusammensein mit anderen Menschen für unvergessliche Momente im Leben. Dazu gehört das Lachen über ein gemeinsames Erlebnis oder das erhebende Gefühl beim vereinten Überwinden einer Herausforderung. Solche bemerkenswerten Momente speichert der Hippocampus. Und dieses Speichern ist wichtig. Es gibt den neuen Nervenzellen eine Aufgabe und lässt sie überleben. Denn auch Hirnzellen sind soziale Wesen! Aus diesen Gründen sind gesellschaftliche Aktivitäten das natürlichste und beste Training für den Hippocampus.

DER HIPPOCAMPUS LERNT BESSER IN GESELLSCHAFT

Gesellschaftliche Aktivitäten bieten deshalb einen besseren Schutz vor Alzheimer als das einsame Lösen eines Sudoku oder Kreuzworträtsels. Das soll nicht heißen, dass solche Formen des Denksports nicht gut für unser Gehirn sind. Sie fördern zum Beispiel logisches Denken, den Wortschatz, mathematische Fähigkeiten oder das Kurzzeitgedächtnis. Das ist alles wichtig. Aber damit der Hippocampus, also unser emotionales und soziales Langzeitgedächtnis, optimal beansprucht und trainiert wird, muss er tagtäglich emotional bedeutsame Erlebnisse verarbeiten und speichern. Und die erlebt man eher gemeinsam mit anderen Menschen als alleine beim Rätseln. Deshalb lässt ein Mangel an sozialen Aktivitäten den Hippocampus schrumpfen. Einsamkeit birgt ein enorm hohes Risiko in sich, an Alzheimer zu erkranken. Nun ist aber Vereinsamung ein immer größer werdendes Problem unserer heutigen Gesellschaft. Immer mehr Menschen sind allein und einsam, vor allem im höheren Lebensalter.

Die Gründe dafür sind vielfältig: Es gibt immer weniger zusammenlebende Großfamilien. Die erwachsenen Kinder wohnen aus wirtschaftlichen Gründen mit ihren eigenen Familien oft weit entfernt. Das persönliche gesellschaftliche Umfeld wurde zudem über lange Jahre meist komplett durch die Arbeit bestimmt. Diese Beziehungen lösen sich jedoch oft völlig auf, sobald man in Rente geht.

Diese Entwicklung ist ganz und gar gegen unsere Natur. Unsere Vorfahren hätten alleine nie überlebt. Sie lebten in Gemeinschaften. Nichtstun im Alter, ein Leben ohne Arbeit war undenkbar. Vielmehr bildeten die Ältesten der Sippe den Ältestenrat oder kümmerten sich um den Nachwuchs. Niemand war ohne Aufgabe, und niemand war einsam. Die größte Strafe war deshalb auch, ausgestoßen zu werden. Sie kam dem sicheren Tod gleich. Deshalb fürchtet der Mensch zu Recht die Einsamkeit.

Einsame Menschen in unserer modernen Gesellschaft verhungern nicht. Sie werden auch nicht von wilden Tieren gefressen. Dennoch verkürzt Einsamkeit auch heute noch das Leben: Einsame Menschen ster-

Unsere Vorfahren hätten alleine nie überlebt. Sie lebten in Gemeinschaften. Nichtstun im Alter, ein Leben ohne Arbeit war undenkbar.

ben laut Statistik früher an vielen vermeidbaren Krankheiten. Dazu gehören Erkrankungen des Herz-Kreislauf-Systems sowie einige häufige Formen von Krebs. Mit dem Schrumpfen der sozialen Kontakte schrumpft auch der Hippocampus. Und dadurch drohen Depression und Alzheimer. Dies ist eine logische Folge, aber dennoch kein unabänderliches Schicksal.

Was ist zu tun? Glücklicherweise verhält es sich bei den sozialen Aktivitäten genau wie bei den körperlichen: So, wie jede Art von Bewegung gut für unser Gehirn ist, ist es auch jede Art von sozialem Miteinander. Hauptsache, wir sind nicht allein oder fühlen uns einsam. Es muss nicht die eigene Familie sein. Es können auch Freunde sein, mit denen wir Zeit verbringen. Oder Vereinskollegen, mit denen man etwas unternimmt. Unser Gehirn ist extrem flexibel. Daher sind die Möglichkeiten des sozialen Miteinanders nahezu unbegrenzt.

Sollten Sie sich einsam fühlen, ist mein dringender Rat: Warten Sie nicht darauf, dass man Sie aus der Einsamkeitsfalle befreit. Werden Sie selbst aktiv! Das ist jedoch oft einfacher gesagt als getan, schließlich befindet sich manch einer schon in einem Teufelskreis, der nur schwer zu durchbrechen ist: Einsamkeit macht unglücklich. Und wer unglücklich ist, zieht sich zurück, was wiederum noch einsamer und somit noch unglücklicher macht. Deshalb ist es wichtig, diesen ersten Schritt so bald wie möglich zu wagen. Rufen Sie heute noch Bekannte an, planen Sie eine Studienreise, melden Sie sich in einem Sportstudio an, oder werden Sie Mitglied im örtlichen Wander- oder Gesangsverein. Oder gehen Sie in einen Schach- oder Skatklub. Sobald der erste Schritt getan ist, fällt der zweite leichter, und bald sind Sie Teil einer Gruppe, in der Sie sich wohlfühlen.

Sie könnten sich auch einen Hund anschaffen. Hunde sind sehr soziale Wesen und aktivieren ebenfalls die Ausschüttung von Oxytocin und damit das Wachstum Ihres Hippocampus. Darüber hinaus geben sie uns eine Aufgabe, sorgen für Bewegung und oft auch beim Spaziergang für Gespräche mit anderen Hundebesitzern.

Wie gesagt, werden Sie so früh wie möglich aktiv. Auch wenn Sie noch im Berufsleben stecken oder Ihre Kinder noch bei Ihnen wohnen.

So riskieren Sie erst gar nicht, in ein Loch zu fallen, sobald Sie in Rente gehen oder Ihre Kinder aus dem Haus sind. Nehmen Sie sich möglichst jeden Tag etwas Zeit für Ihre eigenen Interessen. Beschäftigen Sie sich mit für Sie interessanten Dingen außerhalb der beruflichen oder häuslichen Aufgaben, und zwar am besten gemeinsam mit anderen Menschen.

Mit Blick auf die Formel gegen Alzheimer lassen sich gesellschaftliche Aktivitäten zudem mit anderen Bereichen kombinieren. Ich selbst zum Beispiel fahre gerne Rad. Da einige meiner Freunde dieses Hobby mit mir teilen, ist das örtliche Radwegenetz unser »Stammtisch«. Dort tauschen wir unsere Geschichten aus. Auch wandern kann man hervorragend mit anderen. Die vielen Wandervereine in Deutschland machen es einem leicht. Auf ähnliche Weise kann man auch tanzen gehen oder in einem Verein eine der vielen angebotenen Sportarten betreiben. Baut man Salat, Obst und Gemüse in seinem Garten an, dann ist man ebenfalls körperlich beansprucht. Zudem verbessert man damit seine Ernährung. Dazu eröffnen sich oft neue soziale Kontakte, schließlich teilt man mit anderen ein Interesse. Gerne kommen nach meiner Erfahrung auch Kinder zum Naschen. Dabei kann man sie so ganz nebenbei auch für die Natur begeistern.

Andere für das eigene Tun zu begeistern ist wichtig. Auch offen zu sein dafür, von anderen begeistert zu werden. John Lennon sagte einmal:

>*»Ein Traum, den du allein träumst,*
>*ist nur ein Traum.*
>*Ein Traum, den du mit anderen träumst,*
>*ist Realität.«*

SCHLAF

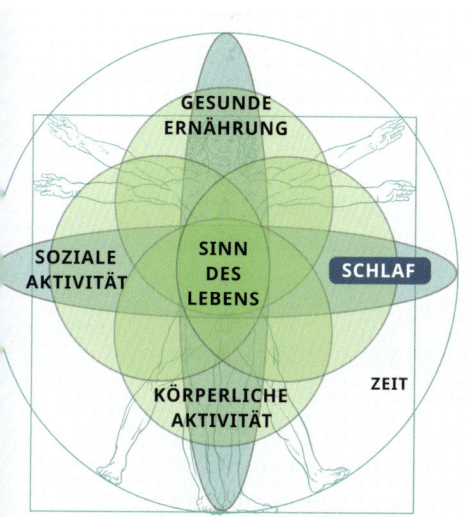

Wir haben in den vorherigen Kapiteln gesehen, dass durch Bewegung und soziale Aktivitäten das Wachstum des Hippocampus angeregt wird. Nun müssen wir ihm aber auch noch die Gelegenheit geben, in Ruhe zu wachsen. Denn dies kann er nur, während wir tief und fest schlafen. Solange wir wach sind, ist der Hippocampus damit beschäftigt, alles aufzuzeichnen, was wir erleben. Auch jeden Gedanken versucht er sich zu merken. Dieser könnte ja später einmal wichtig sein. Erholen kann sich der Hippocampus daher nur, wenn wir schlafen. Die Erholung des Hippocampus besteht darin, dass er sich für eine neue Tagesladung an Erlebnissen vorbereitet. Das geschieht folgendermaßen:

- Sobald wir tief schlafen, sortiert der Hippocampus alle neuen Erlebnisse. Dabei wird Unwichtiges gelöscht und alles Wichtige in andere Teile des Gehirns transportiert. Dort wird es langfristig gespeichert.

- Dort werden dann auch die neu gespeicherten Erinnerungen mit früheren verknüpft. Das ist die Phase des Schlafs, in der wir träumen. Durch die dabei entstehenden Verknüpfungen wachen wir morgens immer etwas erfahrener auf. Daher kommt die bekannte Weisheit, erst einmal über ein Problem zu schlafen. Oft liefert unser Gehirn uns am nächsten Morgen eine Lösung, an die wir am Abend zuvor nicht einmal ansatzweise gedacht haben. Zudem kann der Hippocampus nur dann neue Nervenzellen bilden, wenn wir tief schlafen. So wächst auch unser Erfahrungsschatz nur im Schlaf. Ohne Schlaf würden wir alles, was wir erlebt haben, bald wieder vergessen. Und das ist noch längst nicht alles: Der Hippocampus nutzt den Tiefschlaf zur Reinigung des Gehirns. Um neue Erlebnisse zu speichern, produziert der Hippocampus den ganzen Tag Stoffe, die ihm beim schnellen Merken helfen. Im Tiefschlaf müssen diese aktiv entfernt werden, nur so ist er am nächsten Morgen wieder aufnahmefähig. Ist der Abtransport dieser »Erinnerungsstoffe« mangels Tiefschlaf gestört, können wir uns Neues schlechter merken. Und es kommt noch schlimmer: Wenn sich diese Stoffe anhäufen, verändern sie sich. Anstatt das Gehirn fit zu halten, vergiften sie es. Ich bezeichne die veränderten Erinnerungsstoffe deshalb als »Alzheimer-Toxin«.

Schlaf im Allgemeinen und insbesondere der Tiefschlaf sind deshalb entscheidend für unsere geistige Gesundheit. Es stellt sich also die Frage: Wie viel Schlaf ist ausreichend, und welche Qualität sollte er haben? Das Schlafbedürfnis ist von Mensch zu Mensch verschieden und hängt auch sehr von den individuellen Gewohnheiten ab. Manchem scheinen sechs oder sieben Stunden Schlafzeit zu genügen. Andere benötigen acht oder neun Stunden, um richtig ausgeruht zu sein. Dabei ist Qualität wichtiger als Quantität, vorausgesetzt, man schläft nicht grundsätzlich viel zu wenig.

Ein guter Schlaf zeichnet sich dadurch aus, dass man gut einschläft und dass er nicht häufig unterbrochen ist, sodass man morgens erholt und mit Tatendrang aufwacht. Menschen, deren Schlaf häufig unterbrochen wird, haben unter anderem ein doppelt so hohes Risiko, an Alzheimer zu erkranken. Das Problem beim häufigen Erwachen liegt darin, dass im Laufe der Nacht nicht genug Tiefschlafphasen zusammenkommen.

Schlafhygiene und Hirngesundheit gehen deshalb Hand in Hand. Für eine gute Schlafhygiene zu sorgen bedeutet, das zu tun, was unsere Schlafqualität verbessert, und alles zu vermeiden, was sie behindert. Wie die Formel gegen Alzheimer zeigt, sollte man dabei alle Lebensbereiche berücksichtigen. Alles, was wir tun, aber auch nicht tun, beeinflusst unsere Schlafqualität:

- **KÖRPERLICHE AKTIVITÄT** macht müde und steigert das Schlafbedürfnis. Wenn wir uns in der freien Natur bewegen und viel Tageslicht dabei tanken, werden wir tiefer schlafen. Allerdings: Wenn wir uns vor dem Schlafengehen nicht ausreichend Zeit für Erholung gönnen, kann Sport dafür sorgen, dass wir nicht gut einschlafen. Etwa zwei Stunden vor dem Zubettgehen sollte man deshalb für Entspannung sorgen. Am besten legt man dabei die Beine hoch. Auf diese Weise verhindert man, dass sich Flüssigkeit anstaut, die zu einer Schwellung führen kann. Diese vermehrte Gewebeflüssigkeit nennt man Ödem. Legen wir die Beine vor dem Zubettgehen nicht hoch, würde das dort gespeicherte Wasser erst dann zu den Nieren flie-ßen, wenn wir flach im Bett liegen. Dort würde es in Harn umgewandelt. Infolgedessen muss man nachts die Toilette häufiger aufsuchen. Im Prinzip so, als hätte man sehr viel getrunken.

- **GESELLSCHAFTLICHE AKTIVITÄT:** Alles, was wir mit anderen Menschen erleben, füllt unseren Hippocampus mit neuen Erinnerungen. Ist der Hippocampus gefüllt, werden wir müde. Schließlich muss der Hippocampus dies alles verarbeiten, und das kann er eben nur, wenn wir tief schlafen. Doch wer bis kurz vor dem Schlafengehen sein Gehirn noch voll belastet, wird Probleme beim Einschla-fen haben. Deshalb sollten wir uns vor dem Schlafengehen ausreichend Zeit zum Erholen und Abschalten gönnen, also etwas tun, das uns entspannt. Vielleicht einen Roman lesen oder Musik hören.

- **SINN IM LEBEN:** Wir nehmen alles mehr oder weniger wichtig, was um uns herum geschieht. Das ist auch gut so, denn es gibt uns selbst Bedeutung und einen Sinn im Leben. Doch die täglichen größeren oder kleineren Pro-bleme dürfen uns nicht am Schlafen hindern. Deshalb sollte man vor dem Schlafengehen ganz bewusst darüber nach-denken, welche Probleme wichtig und welche unwichtig sind. Das hilft zu verhindern, dass wir schlecht einschlafen oder dass wir nachts ins Grübeln geraten, sobald wir nur kurz aufwachen. Unwichtig sind all diejenigen Probleme, auf deren Lösung wir keinen direkten Einfluss haben. Man kann sich darüber Gedanken machen, sich aufregen. Aber es nützt niemandem etwas, wenn sie uns den Schlaf rau-ben. Das müssen wir uns bewusst machen und solche Probleme aktiv in einen »geistigen Mülleimer« werfen. Weg damit. Nur die wichtigen Probleme bleiben übrig. Wichtige Probleme sind diejenigen, auf die wir Einfluss nehmen können – und womöglich auch sollten. Über deren Lösung sollte man ernsthaft nachdenken. Dennoch darf uns auch dieses Nachdenken nicht am Schlafen hindern. Hier nun mein Vorschlag: Packen Sie das Problem in einen »geistigen Aktenordner« mit der Aufschrift »Morgen bearbeiten!«. Sie werden es, wenn Sie müde sind, sowieso nicht oder nur sehr schlecht lösen. Planen Sie besser für den nächsten Tag eine feste Zeit ein, in der Sie sich mit dem Problem beschäftigen werden. Vielleicht machen Sie sich dazu eine Notiz.

Überhaupt ist es gut, Dinge, die man plant, auf ein Blatt Papier zu schreiben. Oft hält einen die Sorge, etwas zu vergessen, vom Einschlafen ab. Ich habe sogar einen Stift auf dem Nachttisch. Dort mache ich mir Stichpunkte zu Gedanken, die mir meist einfallen, wenn ich mich entspanne. So muss ich sie mir nicht einprägen, was mich am Einschlafen hindern würde. Auch dieser Zettel hat die Aufschrift »Morgen bearbeiten!«. Nächtliches Grübeln ist vertane Zeit in doppelter Hinsicht. Es behindert den Schlaf und ist darüber hinaus meist unproduktiv. Unser Gehirn kann während des Schlafs und ausgeruht am nächsten Tag viel leichter gute Lösungen finden.

Dies ist eine lebenswichtige Übung für das Vertrauen in die eigene Natur (Schlaf als Problemlöser) und Geduld (Warten auf die Lösung). Viele Menschen haben dieses Urvertrauen verloren. Das macht das Ganze zu einer der schwierigsten Übungen. Doch es lohnt sich, dieses Vertrauen wieder zu erlernen.

- **ERNÄHRUNG:** Ob man gut oder schlecht schläft, hängt bekanntermaßen davon ab, was man wann und in welchen Mengen isst beziehungsweise trinkt. Hier ein paar Aspekte, auf die Sie achten sollten:

  Vor dem Schlafengehen sollten Sie mindestens zwei bis drei Stunden nichts mehr zu sich nehmen. Falls der Hunger Sie überkommt, sind eine Handvoll Nüsse (Mandeln, Walnüsse etc.) eine gute Wahl. Hungrig ins Bett zu gehen ist nämlich auch keine gute Idee. Auch das würde Sie wach halten.

  Alkohol macht so manchen zwar müde, dennoch stört er direkt das Wachstum des Hippocampus. Zudem lässt er uns schlechter durchschlafen. Das wiederum schädigt den Hippocampus indirekt. Also am besten auf Alkohol verzichten. Nach neuester Forschung ist jeder Schluck ein Schluck zu viel.[7] Dass mäßiger Genuss von Rotwein als Teil einer mediterranen Ernährung als gesundheitsfördernd gilt, liegt wohl eher an der gesunden Ernährung als am Alkohol. Rotwein enthält zwar einen Schutzstoff vor Alzheimer, das Reveratrol. Dieser liegt aber leider in viel zu geringer Konzentration vor, um beim Weintrinker die im Tierversuch gezeigten gesundheitsfördernden Effekte auszulösen. Insgesamt soll das zwar nicht heißen, dass man zum Abstinenzler werden muss, auch wenn dies kein Fehler wäre. Aber eben auch nicht, dass Weintrinken vor Alzheimer schützt, wie man lange Zeit glaubte.

  Grundsätzlich ist es wichtig, ausreichend Flüssigkeit zu sich zu nehmen. Aber das Trinken sollte über den ganzen Tag verteilt sein und nicht auf den späten Abend, kurz vor dem Schlafengehen, verschoben werden. Um zu verhindern, dass man nachts häufig aufstehen muss, sollte man ein bis zwei Stunden vor dem Schlafengehen nicht mehr allzu viel trinken. Vor dem Zubettgehen sind Kräutertees empfehlenswert, die beruhigend wirken und so den Schlaf verbessern.

Vor dem Zubettgehen sind Kräutertees empfehlenswert, die beruhigend wirken und so den Schlaf verbessern.

Dazu gehören:

- Anis
- Baldrian (nicht in der Schwangerschaft)
- Blüten der Römischen Kamille
- Fenchel
- Griechischer Bergtee
- Hopfen
- Johanniskraut
- Kümmel
- Lavendelblüten
- Melisse
- Passionsblumenkraut

Sie sehen also, das Angebot ist reichhaltig. Wenn Sie die Teesorten mischen, werden die geschmacklichen Möglichkeiten noch umfangreicher. So ist sicher für jeden etwas dabei.

Auf Kaffee oder koffeinhaltige Tees sollten Sie allerdings schon am Nachmittag verzichten. Bei vielen Menschen hält die aufputschende Wirkung des Koffeins sehr lange an.

MAN SCHLÄFT, WIE MAN WACHT

Wie Sie an all diesen Beispielen erkennen, nimmt die Gestaltung des Tages erheblichen Einfluss darauf, wie man schläft. Der gesamte Tagesablauf selbst ist somit ein wichtiger Teil der Schlafhygiene.

Hier ein paar weitere Punkte: Um gut einzuschlafen, sollten Sie den Fernseher spätestens eine, besser zwei Stunden vor dem Schlafengehen abschalten. Dasselbe gilt für Computer, Tablets oder Handys. Solche Geräte strahlen nämlich sogenanntes Blaulicht ab, und dieses Licht vermittelt Ihrem Gehirn das Signal, die Sonne würde noch scheinen.

Infolgedessen produziert es kein Melatonin. Dieses Schlafhormon wird jedoch gebraucht, um tief zu schlafen. Zudem wirkt es entzündungshemmend und aktiviert die Bildung neuer Hirnzellen im Hippocampus. Blaulicht hemmt also das Hippocampus-Wachstum, aber auch viele andere wichtige Funktionen des Tiefschlafs! Wenn Sie aus bestimmten Gründen darauf angewiesen sind, sich abends noch diesem Licht auszusetzen, dann habe ich folgenden Tipp: Besorgen Sie sich eine Brille, die das Blaulicht gezielt herausfiltert. Es gibt auch Computerprogramme, die das Blaulicht abends reduzieren. Sie schalten dann automatisch auf Nachtmodus.[8] Handys strahlen nicht nur Blaulicht aus, sondern auch Mikrowellen. Diese aktivieren unter anderem das Stresssystem im Gehirn. Das hemmt gutes Einschlafen. Daher mein Rat: Nutzen Sie das Mobiltelefon so selten und so kurz wie möglich. Führen Sie längere

Gespräche möglichst über ein analoges Telefon – solange noch möglich. Denn leider schreitet die Digitalisierung stetig voran, und auf Dauer wird man gezwungen sein, sich mit neuester Technologie (Stichwort »Voice over IP«) beim Telefonieren erhöhter Strahlung auszusetzen. Dann bleibt nur, das Telefon oder Handy möglichst nicht direkt an den Kopf zu halten. Benutzen Sie ein Headset! Entfernen Sie das Mobiltelefon aus dem Schlafzimmer, und schalten Sie es generell nachts immer aus.

Zur Erhöhung des Stresshormons trägt natürlich auch alles bei, was einen spätabends noch aufregt. Auch aus diesem Grund habe ich es mir abgewöhnt, abends noch E-Mails zu öffnen. Spätestens drei bis vier Stunden vor dem Schlafengehen sollte man keine ernsthaften Probleme mehr angehen, weder geschäftlich noch privat.

Schichtarbeit ist in manchen Berufen unumgänglich. Doch nachts zu arbeiten ist vollkommen unnatürlich. Deshalb sollte man längere Blöcke einem häufigen Wechsel vorziehen. Wir haben eine innere Uhr, und die sollte man nicht allzu oft verstellen. So sollte man beispielsweise anstatt viermal drei Nächte pro Monat besser einmal zwölf Nächte am Stück arbeiten. Vielleicht sogar vierundzwanzig Nächte hintereinander (oder noch länger) und dafür für einige Monate gar keine Nachtschichten. In der langen Nachtschichten-Phase sollte man versuchen, den Tag zur Nacht zu machen und tagsüber wirklich für »Nachtschlaf« zu sorgen. Für unser Gehirn ist es gleichgültig, ob es tatsächlich Nacht ist oder ob man sie nur simuliert, solange man dies gut macht. Dies geht aber nur, wenn man der inneren Uhr einige Tage für die Umgewöhnung Zeit gibt. Die innere Uhr benötigt etwa einen Tag für eine bis anderthalb Stunden, also etwa eine Woche, um sich an den Nachtschlaf am Tag zu gewöhnen. Deshalb ist eine längere Periode mit Nachtschicht – sobald man sich an sie gewöhnt hat – besser zu ertragen als der ständige Wechsel. Unseren frühen Vorfahren war Nachtarbeit unbekannt. In heute noch lebenden Naturvölkern gibt es noch nicht einmal ein Wort für Schlafprobleme. Wir sollten uns also bemühen, unsere Schlafgewohnheiten wieder mehr an die Lebensbedingungen anzupassen, die unserer Natur entsprechen.

Dazu gehört auch der Mittagsschlaf. Falls Sie Müdigkeit am Nachmittag verspüren, so ist das vollkommen natürlich. Die Siesta gehört aus gutem Grund in weiten Teilen Südeuropas, nicht nur in Spanien, immer noch zur Kultur. Allerdings fällt sie nach und nach den Erfordernissen der Konsumgesellschaft zum Opfer – und das schadet der Gesundheit. Wenn Sie also am Nachmittag müde sind, dann schlafen Sie, sofern es die äußeren Umstände erlauben! Trinken Sie keinen starken Kaffee, nur um wach zu bleiben. Suchen Sie sich stattdessen einen ruhigen Ort, und gönnen Sie sich eine kurze Schlafpause. Etwa 20 bis 30 Minuten genügen meist, um die zweite Hälfte des Tages wie einen neuen Tag zu beginnen. Vorgesetzte in den Firmen sind immer öfter aufgeschlossen dafür. Es liegt schließlich in ihrem Interesse, wache und geistig fitte Mitarbeiter zu haben.

In der freien Natur sinken die Temperaturen nachts gewöhnlich ab. Auch daran ist der Mensch angepasst. Deshalb benötigen wir zum Schlafen einen gut durchlüfteten und kühlen Raum. Der Temperaturabfall wird auch nach einem warmen Fußbad vor dem Schlafengehen simuliert.

Natürlich ist auch, dass nur ein Teil der Menschen Frühaufsteher sind. Das sind die »Lerchen« unter uns. Sie sind schon frühmorgens wach, gehen aber abends auch gern zeitig ins Bett. Der andere Teil sind die »Eulen«. Sie sind eher nachtaktiv, arbeiten lieber gegen Abend, sind aber dafür morgens nicht so schnell fit. Diese unterschiedlichen Veranlagungen lieferten unseren Vorfahren einen Vorteil: So war auch nachts stets jemand wach und aufmerksam und damit das Risiko geringer, im Schlaf von anderen Menschen oder wilden Tieren überrascht zu werden: Extreme Lerchen gehen erst dann ins Bett, wenn extreme Eulen aufstehen. Vielleicht wäre das auch die Lösung des Problems der Schichtarbeit: Extreme Eulen übernehmen die Spätschicht, extreme Lerchen die Frühschicht ... Ihre persönliche Veranlagung ist unveränderlich. Generelle Regeln, wann ein Mensch zu schlafen hat, machen biologisch keinen Sinn. Um gut zu schlafen, sollten Sie Ihre eigenen angeborenen Schlafvorlieben erkennen, akzeptieren und nach ihnen leben. Ihr Hippocampus wird es Ihnen danken.

Überhaupt sollten wir alle den Schlaf ernst nehmen. Er ist, wie Sie nun wissen, keine vertane Zeit. Im Gegenteil. Das soll aber auf keinen Fall eine Empfehlung sein, zu Schlafmitteln zu greifen. Sie sorgen zwar für Schlaf, verhindern aber zum Teil den Tiefschlaf und verändern die Chemie im Gehirn. Versuchen Sie deshalb bei Schlafstörungen erst einmal, die vorgeschlagenen Maßnahmen umzusetzen. Geben Sie sich dafür drei bis vier Wochen Zeit. Hat sich dann noch kein Erfolg eingestellt, sprechen Sie mit Ihrem Arzt. Möglicherweise gibt es einen medizinischen Grund, den es abzuklären gilt. Vielleicht rät er auch zum Besuch eines Schlaflabors. Dort können Spezialisten helfen, das Problem zu lösen. Es kann aber auch sein, dass Sie ein seelisches Trauma wach hält. Dann ist psychologische Hilfe angeraten.

Frauen in den Wechseljahren werden manchmal von Hitzewallungen wach gehalten. Wenn Sie das sehr belastet, suchen Sie bitte einen Facharzt auf, der Ihren Hormonstatus überprüft und Ihnen Behandlungsmöglichkeiten vorschlägt (siehe Seite 140).

Akzeptieren Sie jedoch bitte nicht den Mythos, dass im Alter der Schlafbedarf grundsätzlich sinkt. Wenn man körperlich, geistig und sozial aktiv bleibt, benötigt man auch weiterhin ausreichend Schlaf. Wie sonst sollte man sich richtig erholen? Unser Schlafbedürfnis ist völlig natürlich und altersunabhängig!

GESUNDE ERNÄHRUNG

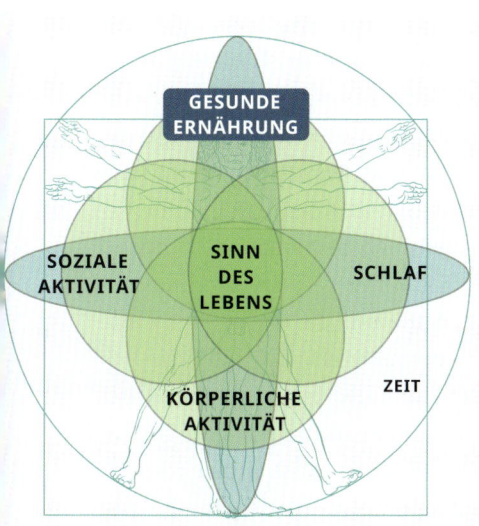

Der Hippocampus benötigt für sein Wachstum Baustoffe. Nur mit diesen können neue Nervenzellen vollständig heranreifen. Für ihr Überleben sind aber weiterhin auch Nähr- und Schutzstoffe wichtig. Zudem können wir mit der Art unserer Ernährung Signale an den Hippocampus senden. Diese können das Wachstum anregen oder hemmen. Sie können aber auch unsere Hirnzellen verjüngen oder vorzeitig altern lassen. Wir haben es somit selbst in der Hand, wie sich unser Gehirn entwickelt.

Unzählige Ernährungsmythen sorgen leider dafür, dass sich viele Menschen immer ungesünder ernähren. Kulturelle Entwicklungen und Traditionen sind dafür verantwortlich, aber auch gezielte Fehlinformation gepaart mit knallharten Geschäftsinteressen. Die Folge sind unzählige vermeidbare Krankheiten, aber auch lieb gewonnene Gewohnheiten. Diese führen dazu, dass viele nicht bereit sind, eine gesundheitsschädliche Ernährung aufzugeben. Selbst dann nicht, wenn die ersten Krankheitszeichen deutlich zu erkennen sind. Statt die Art der Ernährung zu ändern, wird die Lösung des Problems lieber im Schlucken einer Pille gesehen. Doch diese Vorgehensweise kann keine Heilung bringen. Nur die Natur kann heilen. Indem wir sie durch eine ungesunde Ernährung daran hindern, vergeben wir eine große Chance auf lebenslange Gesundheit, aber auch auf neue Geschmackserlebnisse.

Ich selbst war im Alter von etwa vierzig Jahren der typische Vertreter der Gattung »dauergestresster Manager«. Dazu kamen chronischer Schlaf- und Bewegungsmangel sowie eine schlechte Ernährung. Infolgedessen war ich übergewichtig, hatte schlechte Blutwerte und entwickelte ein ständig wiederkehrendes Herzrasen bis hin zur Brustenge. Um mich selbst zu retten, entwickelte ich die Methusalem-Strategie. Diese setzte ich so nach und nach um. Inzwischen fühle ich mich kerngesund. Sämtliche damaligen Beschwerden sind seit über einem Jahrzehnt völlig verschwunden. Ein Teil der Strategie war die Umkehr hin zu einer gesunden, artgerechten Ernährung. Diese entwickeln wir in meiner Familie seither immer weiter. Es ist spannend, täglich mehr über unsere Nahrung zu lernen. Es ist aber auch geschmacklich enorm bereichernd: weg von der eintönigen einheimischen Küche mit »Fleisch und Beilage«, hin zu der enormen Vielfalt, die uns die Natur zu bieten hat und die für unsere Gesundheit so entscheidend ist.

Eine artgerechte Ernährung hat viele Vorteile: mehr kulinarische Vielfalt, mehr Geschmackserlebnisse, mehr Lebensfreude und die große Chance auf langfristige Gesundheit. Ich hoffe für Sie, dass Sie die folgenden Seiten überzeugen, alte Essgewohnheiten zu verändern und Neues zu wagen. Ich habe mich jedoch so kurz wie möglich gehalten, was die wissenschaftlichen Hintergründe betrifft. Diese finden Sie ausführlich und leicht verständlich in meinen früheren Büchern erklärt, die ich am Ende dieses Buches gelistet habe (siehe S. 184 »Weitere Bücher des Autors«). Mir ist an dieser Stelle vor allem wichtig, Sie zu motivieren. Ich möchte Ihnen zeigen, wie einfach es ist, eine hirnschädliche in eine hirngesunde Küche zu verwandeln. Im Vordergrund steht also hier praktische Hilfe, die es Ihnen ermöglicht, heute schon einen Versuch zu wagen.

FANGEN WIR BEI DEN HIRNBAUSTOFFEN AN

Damit Nervenzellen wachsen können, benötigen sie Baustoffe. Einer davon ist in unserer modernen Ernährung Mangelware: Docosahexaensäure, abgekürzt DHA. Es handelt sich dabei um eine lebenswichtige Omega-3-Fettsäure. Da unser Körper diese Art von Fettsäure selbst nicht herstellen kann, müssen wir sie über die Nahrung zuführen. Der tägliche Bedarf liegt bei etwa 2 Gramm an bioaktiven Omega-3-Fettsäuren (DHA sowie EPA: Eicosapentaensäure, eine weitere hochaktive Omega-3-Fettsäure, die die Blutgefäße stärkt und vor chronischen Entzündungen schützt).

Meeresfrüchte wie Fisch und Muscheln sind reich an DHA. Um den Bedarf an DHA (und EPA) zu sichern, wären insgesamt etwa 500 Gramm fettreicher Fisch pro Woche nötig. Eine Vorstufe der bioaktiven Omega-3-Fettsäuren ist beispielsweise in Lein-, Raps- oder Walnussöl enthalten. Diese können wir jedoch nur sehr ineffizient in den Hirnbaustein DHA umwandeln. Um ausreichend DHA und EPA aus Leinöl zu bilden, müssten wir täglich etwa 100 Milliliter Öl zu uns nehmen. Das ist zwar möglich, aber nicht wirklich zu empfehlen. Denn inzwischen weiß man, dass man auch bei den mehrfach ungesättigten Fettsäuren nicht zu große Mengen zuführen sollte. Etwa 10 Milliliter am Tag genügen.

Essen wir mehr, müsste unser Körper diese Fettsäuren speichern. Doch da sie ungesättigt sind, sind sie chemisch nicht sehr stabil. Sie neigen dazu, zu oxidieren. Das heißt, sie werden ranzig. Daher sind sie für eine langfristige Speicherung als Körperfett nicht geeignet. Das bedeutet, dass man weder Sonnenblumen- oder Maiskeimöl noch Rapsöl oder Leinöl in großen Mengen zuführen sollte. Einfach ungesättigte Fettsäuren, wie beispielsweise die Ölsäure, die man in hoher Konzentration im Olivenöl findet, sind chemisch stabiler. Hier sind auch größere Mengen unbedenklich. Anders gesagt, beim Olivenöl muss man nicht sparen. Noch stabiler sind gesättigte Fettsäuren. Sie sind ideal, um Energie für Notzeiten zu speichern. Deshalb kann unser Körper sie auch selbst sehr effizient herstellen.

Die nicht sonderlich effiziente Umwandung pflanzlicher Omega-3-Fettsäuren in DHA und EPA war für steinzeitliche Fischer und Sammler jedoch nie ein Problem. Den täglichen Bedarf an diesen bioaktiven Fettsäuren konnten sie durch den Verzehr von Fisch und Meeresfrüchten decken. Aber auch diese Vorgehensweise ist leider nicht mehr zu empfehlen, und zwar aus zwei Gründen. Erstens: Würden sich alle Menschen an eine solche Empfehlung halten, gäbe es sehr bald keinen

Fisch mehr. Schon jetzt sind die Meere zunehmend überfischt. Zweitens: Fisch ist immer stärker mit Schadstoffen belastet. Zu diesen gehören in höchstem Maße gesundheitsschädliche Quecksilber-Verbindungen sowie Plastikrückstände, polychlorierte Biphenyle (PCB) und immer mehr Pestizide.

Aber die Zufuhr von bioaktiven Omega-3-Fettsäuren wie DHA ist lebenswichtig. Was kann man also tun? Die Lösung sind hochwertige Omega-3-Fettsäuren aus kultivierten Meeresalgen. Diese können umweltschonend überall auf der Erde in Tanks mit gereinigtem Meerwasser (oder mit Salz versetztem Süßwasser) gezüchtet werden. Algenöl ist deshalb frei von den oben genannten Schadstoffen. Darüber hinaus liefert Algenöl DHA und EPA wesentlich kostengünstiger als Fisch. Und es ist auch für Veganer bestens geeignet. Algenöl wird noch hauptsächlich in Form von Kapseln angeboten, aber auch schon flüssig in Flaschen. Der Vorteil von flüssigem Algenöl ist der, dass man auf künstliche Zusatzstoffe (wie zum Beispiel modifizierte Maisstärke, Glycerin und Säureregulatoren) verzichten kann, die für die Herstellung der Kapseln verwendet werden. Aus diesem Grund kann dieselbe Menge an Omega-3-Fettsäuren kostengünstiger angeboten werden. Die derzeit (Stand März 2018) einzige Bezugsquelle für flüssiges Algenöl ist Omega-3 Vegan von Norsan. Es schmeckt wie ein sehr mildes Olivenöl. Das liegt daran, dass das Algenöl durch beigemischtes Bio-Olivenöl (Vitamin E) geschützt ist, jedoch selbst keinen Eigengeschmack besitzt. Ein Teelöffel (etwa 5 Milliliter) pro Tag deckt den Bedarf eines Erwachsenen an bioaktiven Omega-3-Fettsäuren. Es sollte wie alle Lebensmittel, die mehrfach ungesättigte Fettsäuren enthalten, kühl und dunkel gelagert und keinesfalls erhitzt werden. Man kann das Algenöl mit dem Löffel pur einnehmen, aber auch als ein sehr mildes »Olivenöl« zur Herstellung von Salatdressing verwenden. Dann sollte man allerdings nichts verschwenden! Ich selbst träufle es auf ein Stück Brot und gebe etwas Salz und Pfeffer darüber – so, wie man es in der mediterranen Küche tut.

Ein Teelöffel (etwa 5 Milliliter) Algenöl pro Tag deckt den Bedarf eines Erwachsenen an bioaktiven Omega-3-Fettsäuren.

ALS NÄCHSTES GEHT ES DARUM, DAS GEHIRN OPTIMAL MIT ENERGIE ZU VERSORGEN

Unser Gehirn benötigt auf seine Größe bezogen etwa zehnmal mehr Energie als der restliche Körper. Um diesen ständigen Energiebedarf zu stillen, haben wir einen großen Energiespeicher: unsere Fettdepots. Sie bestehen aus gesättigten Fettsäuren. Diese entstehen hauptsächlich aus überschüssigen Kohlenhydraten (Mehl, Zucker und Alkohol). Oder sie stammen direkt aus Nahrungsfetten. Um die Energie der Fettsäuren aus unseren Fettdepots fürs Gehirn nutzen zu können, werden sie in die Blutbahn freigesetzt. Über diesen Weg gelangen sie zunächst in die Leber. Dort werden sie zerkleinert. Die entstehenden Bruchstücke nennt man Ketonkörper. Nur diese kleinen Ketonkörper (und nicht die großen gesättigten Fettsäuren) können ins Gehirn gelangen und es mit Energie versorgen.

Ketonkörper stellen für unser Gehirn eine nahezu unerschöpfliche Energiequelle dar. Schließlich besitzen selbst schlanke Menschen ein Fettdepot von einigen Kilogramm. Die Freisetzung der Fettsäuren zur Herstellung der Ketonkörper geschieht jedoch nur, wenn wir fasten. Aber keine Angst: Um die Produktion der Ketonkörper anzukurbeln, ist kein tagelanges Fasten nötig. Schon nach etwa zwölf Stunden läuft sie auf Hochtouren. Dann ersetzen die Ketonkörper mehr und mehr den Zucker als Energiequelle für unser Gehirn. Das ist gut, denn Ketonkörper haben gegenüber Zucker viele Vorteile:

- Schon in der sehr frühen Phase der Alzheimer-Entstehung ist ein typisches Problem, dass der Hippocampus keinen Zucker mehr verwerten kann. Würden wir ihm also nur Zucker anbieten, würde er regelrecht verhungern. Nur Ketonkörper können den Hippocampus bei beginnendem Alzheimer weiterhin mit Energie versorgen.

- Hohe Ketonkörper-Spiegel signalisieren dem Hippocampus, dass er wachsen soll. Hohe Zuckerspiegel hingegen führen zu Entzündungen, und diese hemmen das Hippocampus-Wachstum.[9]

- Ketonkörper aktivieren den Müllabbau in allen Nervenzellen und sorgen so für deren Verjüngung. Zucker hingegen lässt sie schneller altern.[10]

Trotz all dieser Vorteile von Ketonkörpern produzieren die meisten Menschen in unserer modernen Gesellschaft zu wenig bis gar keine davon. Die Energieversorgung ist stattdessen davon abhängig, dass ständig Zucker zugeführt wird.

Woran liegt das? Wie Sie nun wissen, werden Fettsäuren nur aus den Fettdepots freigesetzt, wenn wir für einige Stunden fasten. Diese Freisetzung wird sofort unterbrochen, sobald der Blutzuckerspiegel ansteigt. Dafür sorgen Pasta, Chips, Weißbrot, Süßigkeiten oder gesüßte Getränke. Selbst nachts gelingt es den wenigsten, ausreichend Ketonkörper zu bilden. Das liegt daran, dass wir oft noch spätabends etwas essen und meist viel zu kurz schlafen, um dann gleich frühmorgens wieder ausgiebig zu frühstücken. So ist das nächtliche Fasten zu kurz, um die Produktion von Ketonkörpern in Gang zu setzen (oft weit unter zwölf Stunden). Das Frühstück, auf Englisch breakfast für »das Fasten unterbrechen«, bricht dann nicht wirklich das Fasten, weil in der Regel über Nacht gar kein Fasten stattgefunden hat. So gerät hier unsere moderne Art der Ernährung in einen Teufelskreis: Wer keine Ketonkörper bildet, muss ständig Süßes zu sich nehmen, damit die Energieversorgung des Gehirns nicht zusammenbricht. Die häufigen Blutzuckeranstiege führen jedoch zu einer chronischen Entzündung. Diese hemmt die Bildung neuer Hirnzellen im Hippocampus und ebnet den Weg für Alzheimer. Bei beginnendem Alzheimer kann der Zucker den Hippocampus nicht mehr erreichen. Bieten wir ihm in dieser Phase keine Ketonkörper als Nahrung an, verhungert er. Die häufigen kleineren und größeren Mahlzeiten und Süßgetränke sorgen aber weiterhin dafür, dass die Ketonkörper-Produktion dauerhaft blockiert ist. Der Teufelskreis ist geschlossen.

Was tun? Um eine hirngesunde Ketonkörper-Produktion rund um die Uhr zu gewährleisten, gibt es vier einfache Möglichkeiten. Ich lege Ihnen nahe, sie alle (!) anzuwenden.

1. VERLÄNGERN SIE DAS NÄCHTLICHE FASTEN.

Essen Sie zwei bis drei Stunden vor dem Schlafengehen nichts mehr. Schon gar keine Süßigkeiten, keine Chips, kein Popcorn. Trinken Sie auch keine zuckerhaltigen Getränke, also auch kein Bier und keinen Wein. Nach etwa acht bis neun Stunden Schlaf haben Sie allein damit schon etwa elf bis zwölf Stunden gefastet. Und das ohne Hunger. Zudem schläft es sich besser, wenn der Bauch nicht zu sehr gefüllt ist und wenn kein Blutzuckerabfall nach dem abendlichen Schlemmen einen nachts den Kühlschrank aufsuchen lässt.

Aber Sie können noch mehr tun. Wenn am Vormittag keine körperliche Arbeit ansteht, dann empfehle ich, ganz auf das Frühstück zu verzichten. So können Sie sogar auf etwa sechzehn Stunden gesundes Fasten kommen – und das jeden Tag! Allerdings muss sich Ihr Körper erst wieder daran gewöhnen, Ketonkörper zu produzieren und zu verwerten. »Wieder«, weil zumindest beim Säugling Ketonkörper noch die Hauptenergiequelle fürs Gehirn waren. Diese Umstellung benötigt einige Zeit. Jeden Tag kann man ein wenig später »mit dem Fasten brechen«, sprich frühstücken. Bis dann die erste Mahlzeit nicht mehr das Frühstück ist, sondern das Mittagessen. Durch den Verzicht auf das Frühstück bleibt der Blutzuckeranstieg aus, und die Bildung der Ketonkörper wird nicht unterbrochen. Auf diese Weise kommt auch kein Hungergefühl auf, schließlich wird Ihr Gehirn gut mit Energie versorgt. Frühstücken Sie hingegen ein Weißbrot mit Marmelade, dazu vielleicht noch einen gesüßten Kaffee, dann schießt Ihr Blutzucker in die Höhe. Vor allem, wenn Sie danach nicht körperlich aktiv sind. Da ein hoher Blutzuckerspiegel aber ungesund ist, schüttet Ihr Körper das Zuckerstress-Hormon Insulin aus. Insulin bewirkt, dass der Zucker von Fettzellen aufgenommen und in Fettsäuren (und damit Körperfett) umgewandelt wird. Insulin wird deshalb auch als Masthormon bezeich-

net. Das durch Insulin verursachte Absinken des Blutzuckers ist meist überschießend: Der niedrige Blutzuckerspiegel stört die Konzentration bei der Arbeit und führt zu Heißhunger. Und das, obwohl man erst vor wenigen Stunden gefrühstückt hat. So geraten wir in einen weiteren Teufelskreis, der nicht nur Alzheimer mit verursacht (siehe oben), sondern uns auch noch den ganzen Tag mästet.

Sobald Sie sich an das Auslassen des Frühstücks gewöhnt haben, wird Ihnen ein ungesüßter Tee oder Kaffee oder eventuell ein kohlenhydratarmer grüner Smoothie aus Gemüse und Kräutern genügen. Gegen Nüsse als Snack zwischendurch ist nichts einzuwenden. Auch Mandeln enthalten so gut wie keinen nennenswerten Zucker (der den Blutzucker in die Höhe treiben würde), dafür aber sehr viel gesunde Fettsäuren und Protein (Eiweiß).

Ziel dieser Art der Ernährung ist es, den Ernährungsrhythmus so zu ändern, dass möglichst lange hirngesunde Ketonkörper gebildet werden können. Insgesamt soll aber dadurch nicht weniger gegessen werden. Ziel dieser Ernährung ist es nämlich nicht, an Gewicht zu verlieren (obwohl das Fett zu schmelzen beginnt). Sie werden einfach später etwas mehr essen. Machen Sie es wie die früheren Fischer und Sammler, die nüchtern fischen und sammeln gingen und erst danach ausreichend zu essen hatten.

2. ESSEN SIE NICHTS, WAS IHREN BLUTZUCKER IN DIE HÖHE TREIBT.

Das soll aber nicht bedeuten, dass Sie auf Kohlenhydrate verzichten müssen. Keinesfalls! Eine ausgewogene Mahlzeit sollte Kohlenhydrate enthalten, nur in nicht allzu leicht verdaulicher Form. Das bedeutet:

- Ziehen Sie geschmackvollere Vollkornprodukte den »leeren« Weißmehlprodukten vor.
- Kochen Sie Vollkornpasta »al dente«, also bissfest, wie man sie im Mittelmeerraum genießt. Das verzögert die Verdauung und verringert den Blutzuckeranstieg.
- Dazu tragen aber auch die Ballaststoffe bei sowie gutes Olivenöl, das man dort aus gutem Grund reichlich verwendet.

Zudem gibt es inzwischen immer mehr Teigwaren aus alternativen Mehlsorten wie zum Beispiel aus Mungbohnen, unterschiedlichen Linsensorten (zum Beispiel rote Linsen) oder Kichererbsen (siehe Rezept Seite 108: Zürcher Geschnetzeltes mit Spätzle – vegetarische Variante). Diese Mehle haben gegenüber solchen aus Getreide den Vorteil, dass sie mehr Ballaststoffe und einen höheren Anteil an hochwertigen Proteinen besitzen. Zudem sind sie reicher an Vitaminen und Spurenelementen.

3. NUTZEN SIE DAS GLUCOSEFENSTER.

Körperliche Aktivität ist Teil eines artgerechten Lebens. Für die Jäger und Sammler hatte Bewegung meist das Ziel, sich mit Nahrung zu versorgen. Deshalb hat es die Natur geschickterweise so eingerichtet, dass arbeitende Muskeln ein sogenanntes »Glucosefenster« öffnen. Glucose ist Traubenzucker. Es ist die Form von Kohlenhydraten, die auch als Blutzucker gemessen wird. Wenn wir in körperlicher Ruhe Kohlenhydrate essen, steigt der Blutzuckerspiegel. Sind unsere Muskeln jedoch aktiv, saugen sie Zucker auf wie ein Schwamm – und das eben, ohne auf die Wirkung von Insulin angewiesen zu sein. Sie verhindern so den

Zuckerstress, der ansonsten durch das Essen ausgelöst würde, auf ganz natürliche Weise. Es muss somit auch kein Insulin ausgeschüttet werden, und die Bildung von Ketonkörpern wird nicht unterbrochen. Das ist mit ein Grund, warum Ausdauersport so gesund ist.

Das Glucosefenster ist ein zeitliches Fenster. Es ist die Zeit, in der wir zuckerreiche Nahrungsmittel zu uns nehmen können, ohne dass der Blutzucker merklich ansteigt. Da die Verdauung immer etwas Zeit benötigt, öffnet sich dieses Glucosefenster schon etwa eine Viertelstunde vor einer geplanten körperlichen Anstrengung – in etwa so lange benötigen schnell verdauliche Kohlenhydrate, um in den Blutkreislauf zu kommen. Wir können also kurz vor dem Sport etwas essen, weil der Zucker dann sofort von den arbeitenden Muskeln verbraucht wird. Während der körperlichen Anstrengung bleibt das Glucosefenster natürlich weiterhin offen und dann noch etwa eine halbe Stunde danach. Als Belohnung ist dann sogar ein Stück Kuchen oder eine Süßspeise erlaubt (zum Beispiel unser Quarkkuchen oder ein Pudding mit Chiasamen, siehe Rezepte Seite 118 und 122)! Allerdings nur, wenn man es nicht übertreibt – die Menge der Belohnung sollte in Relation zur Anstrengung stehen!

4. VERWENDEN SIE KOKOSÖL.

Afrika ist bekanntlich die Wiege der Menschheit. Sie stand vermutlich in der Nähe einer Kokospalme, davon sind viele Forscher überzeugt. Schließlich ist das aus deren Nüssen gewonnene Kokosöl für unsere Gesundheit einzigartig. Der Grund: Es besteht zum größten Teil aus sogenannten mittelkettigen Fettsäuren. Diese haben im Gegensatz zu allen anderen Fettsäuren aus der Nahrung die besondere Eigenschaft, nach der Verdauung direkt in die Leber zu gelangen. Dort werden sie sehr effektiv in Ketonkörper umgewandelt. Und so läuft die Produktion der Ketonkörper weiter, selbst wenn wir nicht fasten. Die mittelkettigen Fettsäuren des Kokosöls sind gesättigt genauso wie die langkettigen, die beim Fasten aus den Fettdepots freigesetzt werden. Da Fasten gesund ist, können sie nicht ungesund sein, auch wenn dies von vielen Ernährungswissenschaftlern leider immer noch behauptet wird. Und

Biologisch angebautes, kalt gepresstes und naturbelassenes Kokosöl ist sehr gesund.

das, obwohl dieser Mythos längst widerlegt ist. Im Gegenteil, die aus gesättigten Fettsäuren gebildeten Ketonkörper sorgen für viele der gesunden Auswirkungen des Fastens! Die Behauptung, dass gesättigte Fettsäuren unserer Gesundheit schaden sollen, kann eigentlich nicht mehr aufrechterhalten werden. Leider weiß das aber noch nicht jeder. Selbst manche Ärzte warnen immer noch davor. Aber lassen Sie sich nicht beirren: Kokosöl ist gesund.

Verwenden Sie jedoch in Ihrer Küche nur (!) biologisch angebautes, kalt gepresstes und naturbelassenes Kokosöl. An den leichten Kokosschmack kann man sich gut gewöhnen, die meisten Menschen mögen ihn sofort. Bei uns zu Hause nehmen wir ihn (leider, muss ich sagen) kaum noch wahr, seit wir Kokosöl regelmäßig verwenden. Das geht den meisten Menschen so.

Bis zu 50 Gramm täglich können problemlos zugeführt werden, in Form eines Brotaufstrichs oder durch die Verwendung zum Braten und Backen. Da Kokosöl zu einem Großteil aus gesättigten Fettsäuren besteht, entstehen beim Erhitzen keine Nebenprodukte (wie bei Ölen, die aus mehrfach ungesättigten Fettsäuren bestehen), die unserer Gesundheit schaden. Steigern Sie die tägliche Menge an Kokosöl langsam. Da dessen Fettsäuren über die Bildung von Ketonkörpern abgebaut werden, muss auch hier erst eine Umstellung eintreten. Aber schon nach wenigen Tagen wird dies gelingen.

Kokosöl ist aus den genannten Gründen sehr gesund. Aber verwenden Sie es auf keinen Fall als einziges Öl in Ihrer Küche. Denn es enthält nur wenige der für den menschlichen Körper erforderlichen einfach und mehrfach ungesättigten Fettsäuren. Je nachdem, wie Sie sich bisher ernährt haben, wäre es jetzt vielleicht an der Zeit für einen kompletten Ölwechsel.

MEHR ÜBER ÖLE

Für Salate und Aufstriche eignet sich Vitamin-E-reiches Olivenöl. Kaufen Sie jedoch nur biologisch angebautes und hochwertig verarbeitetes, also kalt gepresstes Öl mit der Bezeichnung »extra vergine«. Olivenöl ist sehr vitaminreich (insbesondere Vitamin E) und besteht im Wesentlichen aus der einfach ungesättigten Ölsäure. Diese hat sehr viele gesundheitsförderliche Eigenschaften, für die die mediterrane Küche bekannt ist. Als einfach ungesättigte Fettsäure ist sie weniger hitzeempfindlich als eine mehrfach ungesättigte. Deshalb kann Olivenöl für mediterrane Rezepte auch kurzzeitig erwärmt werden. Auf keinen Fall aber sollten Sie damit frittieren oder scharf anbraten. Wenn Sie Olivenöl zum Braten benutzen, dann nur bei mittlerer Hitze. Es empfiehlt sich allerdings, mediterrane Speisen mit etwas Kokosöl anzubraten. Vor dem Servieren kann man dann das Olivenöl darüberträufeln.

Generell sollte in einer gesunden Küche scharfes Anbraten überhaupt vermieden werden. Schließlich ist nicht nur das Öl, sondern auch das Angebratene oder Frittierte einer großen Hitze ausgesetzt. Dadurch wird es chemisch verändert. Das ist mit Grund dafür, weshalb zum Beispiel Pommes frites so ungesund sind. Durch scharfes Anbraten oder Frittieren werden viele gesunde, aber leider hitzeempfindliche Nährstoffe zerstört. So verliert Fisch, wenn er frittiert wird, seine wertvollen mehrfach ungesättigten Fettsäuren (DHA und EPA) und damit seine gesundheitsfördernden Wirkungen. Aber nicht nur das, diese mehrfach ungesättigten Fettsäuren werden durch die chemische Veränderung ranzig und damit sogar gesundheitsschädlich. Nehmen Sie sich fürs Garen Ihrer Speisen Zeit! Diese ist gut investiert. Sie bekommen sie wieder zurück in Form eines längeren gesunden Lebens.

Auch kalt gepresstes, biologisch angebautes Rapsöl ist aufgrund der Zusammensetzung seiner Fettsäuren zu empfehlen. Dasselbe gilt für Leinöl, das ebenfalls aus biologischem Anbau stammen sollte. Raps- und Leinöl bestehen zum Großteil aus mehrfach ungesättigten Fettsäuren. Diese weisen ein gesundes Verhältnis von Omega-3- zu Omega-6-Fettsäuren auf. Diese Fettsäuren sind (wie die im Algenöl) sehr licht- und

wärmeempfindlich. Damit sie nicht ranzig werden, sollten diese Öle kühl und dunkel gelagert werden (am besten in dunkle Flaschen abgefüllt). Und auf keinen Fall sollten sie erhitzt werden! Sie sind, wie das ebenfalls empfehlenswerte Walnussöl, nur für die kalte Küche (Salate, Aufstriche) geeignet. Überhaupt sind Nüsse (wie Mandeln, Wal- oder Haselnüsse) und viele Samen (wie Chia-, Sesam- und Leinsamen) sehr gute Ölquellen. Als ganze Produkte enthalten sie zudem gesunde Proteine und viele weitere gesundheitsfördernde Bestandteile wie Ballaststoffe, Vitamine und Spurenelemente.

Sie kennen nun die wichtigen Energielieferanten für das Gehirn und die entscheidenden Baustoffe für das Wachstum des Hippocampus. Jetzt müssen die Hirnzellen nur noch geschützt werden.

SCHUTZSTOFFE FÜRS GEHIRN –
TEIL EINER NATÜRLICHEN ERNÄHRUNG

Bei der Umsetzung von Nahrungsenergie in Hirnleistung entstehen Sauerstoffradikale. Diese haben viele wichtige biologische Funktionen, auch im Gehirn. Sie dürfen nur nicht überhandnehmen, da sie sonst das Gehirn schädigen können. Doch auch vor diesen Überschüssen schützt uns die ursprüngliche Ernährung des Fischers und Sammlers. Zum einen aktiviert schon das Fischen und Sammeln an sich, also die körperliche Bewegung, die körpereigene Produktion von sogenannten Sauerstoffradikal-Fängern (beziehungsweise körpereigenen Antioxidantien). Wir müssen aber nicht unbedingt fischen und sammeln gehen; jede Art körperlicher Aktivität ist dazu imstande. Zum anderen liefert uns die Kost, die schon die Sammler zu sich nahmen (wie Nüsse, Obst, Gemüse und Salate) ein reichhaltiges Arsenal an pflanzlichen Schutzstoffen. Sie befinden sich zum Großteil in der Haut dieser Lebensmittel und sorgen für ihre Farbe. Ein bleicher oder geschälter Apfel ist deshalb viel weniger gesund als ein roter oder grüner, jedenfalls ungeschälter. Essen Sie immer so bunt wie möglich!

Auch Gewürze sind voller Radikalfänger. Viele schützen sogar vor speziellen Giftstoffen wie dem Alzheimer-Toxin: Sie hemmen dessen Bildung und Wirkung und fördern auch dessen Abbau. Dazu gehört Kurkuma, insbesondere in Verbindung mit Pfeffer. Aber auch Chili, Ingwer, Knoblauch und Zwiebeln (besonders die roten) und sämtliche mediterranen Gewürze wie Oregano, Majoran oder Rosmarin haben eine entsprechende Wirkung. Würzen Sie also reichlich, und genießen Sie die geschmackliche Vielfalt der Natur. Vielfalt ist natürlich und wichtig, weil sich die Inhaltsstoffe der Gewürze in ihrer Wirkung oft gegenseitig verstärken: So wirkt beispielsweise Kurkuma zwanzigmal besser, wenn gleichzeitig mit Pfeffer gewürzt wird. Wagen Sie also auch einen Ausflug in die asiatische Küche. Es hat schon seinen Grund, dass in den alten asiatischen Kulturen moderne Krankheiten wie Alzheimer so gut wie unbekannt waren.

Auch Vitamine, wie man sie im Obst und Gemüse findet, sind wichtig, um Alzheimer vorzubeugen. Das Vitamin B12 macht hier eine Ausnahme. Es ist nur insofern pflanzlicher Natur, als es von Bodenbakterien produziert wird und dann bei Pflanzen, die im Boden wachsen, an der Außenhaut hängen bleibt. Man müsste also Bodengemüse wie beispielsweise Karotten ungeschält und ungewaschen essen, um sich mit Vitamin B12 zu versorgen. Da dies niemand macht, könnte bei rein veganer Ernährung ein Mangel entstehen. Hier muss man dann mit entsprechender Nahrungsergänzung entgegenwirken. Allerdings nehmen viele Tiere Vitamin B12 über den Boden auf. Bei nicht veganer Ernährung genügt deshalb schon ein Hühnerei pro Tag, um den Bedarf an Vitamin B12 zu decken. Aufgrund der vielen Skandale mit verunreinigten Billigeiern kann ich allerdings nur dazu raten, möglichst Eier von Biolandwirten zu erwerben, die eine artgerechte Hühnerhaltung garantieren. Diese Eier kosten zwar ein bisschen mehr, aber Ihre Gesundheit (und auch die der Tiere) sollte es Ihnen wert sein. Und damit wären wir auch schon beim nächsten Punkt.

VERMEIDEN SIE SCHADSTOFFE UND UNGESUNDE NAHRUNGSMITTEL

Nicht alle Nahrungsmittel sind gesund. Das sollte jedem klar sein. Weniger klar ist, welche man vermeiden sollte. Und noch weniger ist den meisten meiner Erfahrung nach bewusst, gegen welche gesunden Lebensmittel man sie eintauschen kann und sollte.

Offensichtlich sollte man einfachen Zucker oder zuckerhaltige Zusatzstoffe vermeiden. Dazu gehören Haushalts- und Einfachzucker (wie Trauben- oder Fruchtzucker) sowie Stärke oder Glucose-Fructose-Sirup in allen Varianten, die in Fertigprodukten in großen Mengen verwendet werden. Die beste Vermeidungsstrategie besteht darin, selbst zu kochen! Fertiggerichte sind zudem meist arm an Vitalstoffen, dafür aber reich an vielen weiteren und völlig unnötigen Zusatzstoffen, die Sie einem selbst zubereiteten Essen nie beifügen würden. Oder kochen Sie etwa mit Glucosesirup, Fructose oder Hefeextrakten? Oder mit Konservierungsstoffen? Benutzen Sie Farbstoffe und Emulgatoren in Ihrer Küche? Würden Sie Ihre guten Öle künstlich härten? Auch sind weder Geschmacksverstärker noch künstliche Aromastoffe Teil einer gesunden beziehungsweise natürlichen Ernährung. Ein paar Beispiele, die Ihnen zeigen, wie unterschiedlich Fertiggerichte und dieselben Speisen sind, wenn man sie selbst zubereitet, finden Sie weiter hinten in diesem Buch, darunter eine köstliche Kürbiscreme-Suppe, Pizza und Eiscreme. Aber selbst einige Öle aus umweltgerecht angebauten Pflanzen sind nicht gesund, nur weil sie das Biosiegel tragen. Letztendlich ist die Zusammensetzung entscheidend. Enthalten Öle zum Beispiel zu viele Omega-6-Fettsäuren, sollte man sie durch andere ersetzen.

NICHT ZU VIEL OMEGA-6-FETTSÄUREN!

Omega-6-Fettsäuren sind entzündungsfördernd. Damit erfüllen sie eine wichtige biologische Funktion. Doch im Gegensatz zu Omega-3-Fettsäuren haben wir keinen Mangel an diesen mehrfach ungesättigten

Fettsäuren. Im Gegenteil, wir nehmen oft ein Vielfaches dessen zu uns, als gut für uns wäre. Deshalb leiden viele Menschen unter chronischen Entzündungen. Und diese Entzündungen sind eine Mitursache für viele Volksleiden. Sie hemmen ebenfalls das Wachstum des Hippocampus und erhöhen so das Risiko, an Depressionen und Alzheimer zu erkranken. Wir müssen also die Zufuhr an Omega-6-Fettsäuren reduzieren. Sonnenblumen-, Maiskeim- und Distelöl haben einen sehr hohen Anteil an Omega-6-Fettsäuren, manche bis zu 90 Prozent! Deshalb sollten diese Öle in der gesunden Küche komplett ersetzt werden. Für Salatdressings empfehle ich entweder Oliven-, Raps-, Lein- oder Walnussöl. Zum Braten und Backen sollten Sie Kokosöl verwenden. Ein Mangel an Omega-6-Fettsäuren wird sich deshalb nicht ergeben. Durch Verwendung dieser alternativen Öle wird der Bedarf an Omega-6-Fettsäuren (wenige Gramm täglich) leicht gedeckt. Zudem sind diese Fettsäuren auch in nahezu allen Lebensmitteln zu finden.

Wurst- und Fleischwaren, insbesondere aus Massentierhaltung, sind überlastet mit Omega-6-Fettsäuren. Die »tierische Variante« dieser Fettsäuren ist besonders entzündungsfördernd. Aber auch wegen vieler anderer ungesunder Bestandteile rate ich dringend von diesen Nahrungsmitteln ab. Fleischwaren sind keine Grundnahrungsmittel, auch wenn die Fleischindustrie uns das gerne glauben lässt. Der häufige Verzehr von Wurst und Fleisch verkürzt das Leben – und das sollte kein Lebensmittel tun! Wenn Sie dennoch Fleisch essen wollen, dann sollten Sie es nur gelegentlich essen, wie unsere frühen Vorfahren, die auch nicht jeden Tag Jagdglück hatten. Und essen Sie nur Wild oder Fleisch von Tieren, die artgerecht gehalten wurden. Denn man kann selbst nicht artgerecht leben, wenn die Nahrung nicht artgerecht erzeugt wurde. Übrigens: Der tägliche Bedarf von etwa einem Gramm Protein pro Kilogramm Körpergewicht ist leicht mit pflanzlicher Nahrung zu decken. Unser Proteinbedarf ist also kein Argument für Fleischkonsum – und schließlich sind die stärksten Tiere wie Elefant, Nashorn oder Stier reine Veganer.

Essen Sie einfach täglich Vollkorn aus Getreide und Pseudogetreide (wie Amaranth, Quinoa, Buchweizen), dazu regelmäßig eine Handvoll

Nüsse (Walnüsse oder Mandeln) und Hülsenfrüchte. Am besten wechseln Sie dabei ab zwischen den vielen verschiedenen Linsensorten, Mungbohnen, Sojabohnen und Kichererbsen. Aus all diesen wertvollen Lebensmitteln kann man Mehle machen, die auch sehr reich an wichtigen Vitaminen, Mineralien und Ballaststoffen sind. Rezepte dazu finden Sie weiter hinten im Buch.

EXTREM SCHÄDLICH: TRANSFETTSÄUREN

Die Weltgesundheitsorganisation (WHO) warnt seit Jahrzehnten vor der negativen Wirkung von Transfettsäuren auf unsere Gesundheit. Allerdings ist man in Deutschland sehr industriefreundlich. Die Warnungen der WHO führen bisher nicht zu Gesetzen, die uns Verbraucher schützen. Im Gegenteil, per Gesetz ist es sogar verboten, Transfettsäuren auf den Verpackungen zu kennzeichnen![11] So hat niemand einen Wettbewerbsvorteil, der keine Transfettsäuren in seine Fertignahrung packt (was denen nützt, die das tun und auf diese Weise unsere Gesundheit gefährden). Leider folgt die Politik hier wie so oft den Empfehlungen der mächtigen Nahrungsmittelindustrie. Man muss sich daher informieren und entsprechend handeln, will man Transfettsäuren in seiner Nahrung meiden.

- Transfettsäuren bilden sich aus mehrfach ungesättigten Fettsäuren, wenn diese stark erhitzt werden, zum Beispiel beim Braten und Frittieren mit Sonnenblumenöl. Dabei entstehen noch weitere schädliche Produkte. Diese werden interessanterweise in der Forschung verwendet, um bei Tieren Hirnschäden und gezielt Alzheimer auszulösen. Wie zum Beispiel das giftige 4-Hydroxynonenal, durch dessen Wirkung vermehrt Alzheimer-Toxin gebildet wird. Oder Acrylamid, ein Gift für Nervenzellen, das auch das Wachstum des Hippocampus hemmt. Generell sollte Frittiertes aus Imbissbuden und Gaststätten gemieden werden. Aber auch an sich hirngesunde Öle wie Raps-, Leinsamen- oder Nussöle sollten nicht erhitzt werden, damit keine Transfettsäuren entstehen.

- Fertigprodukte enthalten oft gehärtete Fettsäuren in vielen Formen. Sie sind versteckt hinter chemischen Fachbegriffen wie Monoglycerid, Diglycerid oder Emulgatoren beziehungsweise hinter E-Nummern wie E471, E472 oder E475. Eine klare Information, was gehärtet ist und was nicht, muss laut Gesetz nicht angezeigt werden. Schon aus diesem Grund empfiehlt es sich, selbst zu kochen. Das ist nicht nur gesünder, es macht auch noch Spaß.

- Milch fremder Lebewesen war nie Teil der Ernährung der Fischer und Sammler. Für den Großteil der Weltbevölkerung ist sie heute immer noch völlig unverträglich. Milchfett von Wiederkäuern (Kuh, Schaf und Ziege) hat einen hohen Gehalt an Transfettsäuren (bis zu 10 Prozent!). Diese entstehen im Wiederkäuermagen durch Bakterien, die dort die mehrfach gesättigten Fettsäuren aus der Nahrung umbauen. Milchprodukte stehen im konkreten Verdacht, das Alzheimer-Risiko zu erhöhen.[12] Eine ausführliche Diskussion dieser Problematik finden Sie auch in meinen Büchern »Die Alzheimer-Lüge« und »Kopfküche«. Letzteres liefert dazu noch viele alternative Rezepte. Mein Rat: Verzichten Sie auf Butter. Ein gutes Vollkornbrot hat genügend Eigenfett, um auch ohne Butteraufstrich schmackhaft zu sein. Wenn es dennoch fettreicher sein soll, dann probieren Sie doch mal eine Avocado. Sie wird nicht umsonst Butterfrucht genannt. Auch gutes Olivenöl und Kokosöl sind hirngesunde Alternativen.

Aus demselben Grund sollten Sie Käseprodukte meiden. Die vegane Küche hat sich eine große Zahl an geschmacklich hervorragenden Alternativen einfallen lassen, sogar veganen Käse. Wohlgemerkt, hier geht es nicht um Analogkäse, der oft mit ungesunden Fetten und aller-

Kuhmilch kann durch Soja- und Nussgetränke ersetzt werden. So lässt sich ein potenziell hirnschädliches Nahrungsmittel leicht in ein hirngesundes Lebensmittel verwandeln.

lei künstlichen Zusatzstoffen hergestellt wird. Vielmehr empfehle ich vegane Varianten, die auf Basis von entweder Nüssen oder Cashews und Hefeflocken (siehe Rezept »Käseersatz« S. 103) oder aus Sojamilch ohne künstliche Zusätze hergestellt werden. Fragen Sie bei Ihrem lokalen Biomarkt nach. Sahne lässt sich – je nach Geschmack – durch Kokosmilch oder ein Nussmus aus Cashews oder Mandeln ersetzen. Diese Nussmuse eignen sich auch als Brotaufstrich. Joghurt lässt sich hervorragend durch »Sojaghurt«, Quark durch »Soja, Alternative zu Quark«, ersetzen. Kuhmilch selbst kann im Müsli (oder Kaffee) durch Soja- und Nussgetränke ersetzt werden. So lässt sich ein potenziell hirnschädliches Nahrungsmittel leicht in ein hirngesundes Lebensmittel verwandeln. Und darüber hinaus schmecken die Alternativen auch noch lecker.

Ein letztes Beispiel: Schokolade ist gesund. Das betrifft allerdings nur den Kakaoanteil. Der schützt vor vielen Volkskrankheiten, nicht zuletzt auch vor Alzheimer. Allerdings muss er bei mindestens 85 Prozent liegen, ansonsten enthält die Schokolade zu viel schädlichen Zucker. Der hohe Zuckeranteil fördert den Verkauf, da die meisten Menschen Süßes bevorzugen. Er macht die Schokolade aber auch günstiger in der Herstellung, was den Umsatz steigert und den Gewinn erhöht. Aus demselben Grund enthält Schokolade anstatt relativ teurer Kakaobutter das wesentlich billigere, aber dafür ungesunde Butterreinfett. Dazu kommen noch künstliche Aromen, die den fehlenden Kakao geschmacklich ersetzen sollen. Mein Tipp in Bezug auf diese Produkte: Schauen Sie auf die Inhaltsliste, und lassen Sie sich Schokolade etwas kosten. Ihre Gesundheit sollte es Ihnen wert sein. Und kaufen Sie – wenn immer möglich – Fairtrade Bio. Dadurch erfahren auch die Personen, die sich um Ihre Gesundheit bemühen, Ihre Wertschätzung.

Sie wissen nun, Öl ist nicht gleich Öl. Mein Tipp: Entfernen Sie umgehend alle gehirnschädlichen Öle und Produkte aus Ihrer Küche. Ersetzen Sie sie durch gehirngesunde. So kommen Sie erst gar nicht in Versuchung, Schädliches zu verwenden. Ein Problem bleibt allerdings: das Essen in Restaurants. Mittlerweile werden in der gutbürgerlichen Küche immer mehr Fertigprodukte verwendet, die einfach nur noch zusammengerührt und erwärmt werden. Zudem muss man davon ausgehen, dass aus Kostengründen nur billige Öle verwendet werden: So kostet Kokosöl oder Olivenöl aus dem Bioanbau das Zehnfache, verglichen mit konventionell produziertem Sonnenblumen- oder Maiskeimöl. Und so bekommen Sie genau die Produkte auf den Teller, vor denen gewarnt werden muss – und das zu einem Preis, der Ihnen beim Selberkochen erlauben würde, nur die besten Öle zu verwenden.

Was tun? Grundsätzlich gilt: Ausnahmen sind erlaubt. Es ist leider oft schwierig, bei Einladungen oder Feiern wirklich gesundes Essen serviert zu bekommen. Aber soziales Miteinander ist ja auch sehr wichtig, also bleiben Sie entspannt. Solche Events finden nicht jeden Tag statt. Machen Sie sich also keinen ungesunden Stress. Der hemmt schließlich das Hippocampus-Wachstum! Wenn Sie selbst ein Restaurant wählen, haben Sie es selbst in der Hand, wofür Sie sich entscheiden. Vielleicht kommen Sie ja auf den Geschmack von Sushi, dem Essen der Fischer und Sammler. Oder Sie finden in Ihrer Nähe ein Restaurant, das Ihren Anspruch auf eine artgerechte Ernährung erfüllt. Diese auf hohe Qualität achtenden Restaurants gibt es mittlerweile immer häufiger. Immer mehr Menschen verlangen danach – so wie früher nach einer rauchfreien Zone im Lokal (auch Rauch, Nikotin, Teer, Feinstaub erhöhen das Alzheimer-Risiko).

UND HIERMIT SIND WIR BEI EINIGEN WEITEREN GIFTSTOFFEN:

- **QUECKSILBER:** Die größte Quelle dieses Giftes ist belasteter Seefisch. Deshalb sollte man Fisch aus unbelasteten inländischen Zuchtanlagen bevorzugen, zum Beispiel heimische Forelle, Zander oder Wels.

- **ALUMINIUM:** Brezeln (und Laugenbrötchen) sind oft belastet, da die Lauge das Aluminium aus den Backblechen löst. Da diese Nahrungsmittel darüber hinaus den Blutzucker in die Höhe treiben und nährstoffarm sind, sind sie generell nicht zu empfehlen. Zudem sollte man keine Alufolien beim Grillen und Backen verwenden, auch keine Pfannen, die aus Aluminium gefertigt sind. Und bei Kaffeekochern sollte man darauf achten, dass alle Teile der Geräte, die mit Wasser in Berührung kommen, aus Edelstahl sind. Bei den folgenden Tipps handelt es sich zwar nicht um Nahrung, es passt aber zum Thema: Verwenden Sie keine aluminiumhaltigen Deodorants. Und fragen Sie Ihren Arzt bei Impfungen, ob es den Impfstoff auch ohne Aluminiumzusatz gibt. Das ist meistens der Fall.

- **ALKOHOL:** Wie schon zuvor erwähnt, hemmen auch schon geringe Mengen das Wachstum des Hippocampus. Daher sollte man alkoholische Getränke als Ausnahme betrachten und nur dann trinken, wenn es wirklich etwas zu feiern gibt. Dann genügt auch wenig davon, um seine gewünschte berauschende Wirkung zu spüren.

- **NITRIT UND NITROSAMINE:** Ab einem halben Gramm können sich Zeichen einer Vergiftung zeigen. Tödlich wird es bei etwa 4 Gramm. Als Natriumnitrit beziehungsweise E250 finden Sie es in nahezu allen Wurstwaren und sogar in Hartkäse. Im Magen wird das Nitrit teilweise in krebserregende Nitrosamine umgewandelt. Nitrosamine entstehen aber auch bei Hitze, weshalb man Wurst beziehungsweise Gepökeltes auf keinen Fall erhitzen sollte. Es wird aber dennoch gemacht. Zusammen erklärt dies auch das erhöhte Darmkrebsrisiko von Wurstessern. Nitrosamine sind nicht nur krebserregend, sie schädigen auch das Gehirn, und das auf vielfältige Weise: Sie hemmen den Energiestoffwechsel unserer Nervenzellen, insbesondere des Hippocampus. Sie führen zu einer vermehrten Freisetzung schädlicher Sauerstoffradikale. Sie schädigen das Erbgut. Sie erhöhen die Produktion des Alzheimer-Toxins. Wenn man sowohl das Krebs- als auch das Alzheimer-Risiko vermindern will, sollte man also auf Fleischprodukte und entsprechend gekennzeichnete Käseprodukte verzichten.

- **PESTIZIDE:** Viele der am häufigsten in der konventionellen Landwirtschaft verwendeten Pestizide hemmen das Wachstum des Hippocampus. Daher besteht meines Erachtens der konkrete Verdacht, dass sie Alzheimer mit verursachen. Die einzige Lösung sind daher biologisch angebaute Lebensmittel.

- **PLASTIK:** Plastikbestandteile sind giftig. Sie werden insbesondere beim Erhitzen freigesetzt. Entsorgen Sie daher Ihren Wasserkocher, falls das zu erhitzende Wasser mit Plastikteilen in Berührung kommt. Auch Fertiggerichte, die man in der Mikrowelle erhitzt, sind eine Gefahrenquelle. Wenn Fertiggerichte jedoch nicht oder nicht mehr zu Ihren Nahrungsmitteln gehören, ist das kein Thema mehr. Auch Plastiktrinkflaschen fürs Wandern oder Fahrradfahren stellen ein Problem dar, zumal wenn sie direkt der wärmenden Sonne ausgesetzt sind. Mein Tipp: Investieren Sie in Trinkflaschen aus Edelstahl. Die kosten etwas mehr, halten aber auch entsprechend länger.

GENERELLE TIPPS ZUM TRINKEN

Ein Mangel an Flüssigkeit kann die Funktion Ihres Gehirns erheblich beeinträchtigen. Deshalb sollten Sie täglich etwa 2 Liter Flüssigkeit zu sich nehmen. Dazu kommt noch die Menge an Flüssigkeit, die Ihren erhöhten Bedarf bei Hitze, durch Sport oder körperliche Arbeit ersetzen

muss. Beim Trinken geht es aber nicht nur darum, Flüssigkeit zu tanken. Trinken gibt Ihnen die Chance, Ihrem Körper viele gesunde Mineralstoffe und Vitalstoffe zuzuführen – und das ohne größeren Aufwand. Man schluckt sie schließlich einfach mit. Viele sind enorm wichtig. Beispielsweise hemmt die tägliche Zufuhr von nur etwa 0,3 Milligramm (mg) Lithium die Fähigkeit des Alzheimer-Toxins, seine eigene Produktion anzukurbeln. Die Alzheimer-Entwicklung wird dadurch deutlich verlangsamt. Zudem unterstützt Lithium die Bildung neuer Hirnzellen im Hippocampus. Die tägliche Einnahme dient somit auch der Vorbeugung.

Nennenswerte Mengen an Lithium findet man jedoch nur im Wasser. Daher ist lithiumhaltiges Wasser die einzige Möglichkeit, ausreichend Lithium zuzuführen. In manchen Regionen enthält das Trinkwasser schon ausreichend Lithium. Bei etwa 0,3 Milligramm pro Liter (mg/l) würde schon ein Liter genügen, um einen positiven Effekt zu erzielen. Kontaktieren Sie Ihren lokalen Wasserversorger, um die Messwerte zu erhalten. Falls die Konzentration nicht ausreicht, empfehle ich Ihnen dringend, täglich genügend lithiumhaltiges Mineralwasser zu trinken.[13] Sicher gibt es in Ihrem Getränkemarkt Mineralwasser aus nahe gelegenen Quellen, die reich genug an Lithium sind. Fragen Sie nach. Achten Sie aber auch darauf, ob auch andere wichtige Spurenelemente darin enthalten sind, wie zum Beispiel Magnesium oder Kalzium. Gut ist eine hohe zweistellige Konzentration, ebenfalls in Milligramm pro Liter (mg/l). Fragen Sie aber auch nach, ob das Mineralwasser möglicherweise bedenkliche Konzentrationen an Uran enthält (eine entsprechende Tabelle finden Sie auch im Internet).[14] Meine grundsätzliche Empfehlung wie bei allen Nahrungsmitteln: Wechseln Sie ab! Trinken Sie Kräutertees. Über Tees, die den Schlaf fördern, haben wir schon gesprochen, aber es gibt unzählige Kräutertees, die gesundheitlich viel Gutes bewirken können und/oder einfach nur gut schmecken. Auch der Griechische Bergtee bietet sich an, um Alzheimer vorzubeugen. Seine Inhaltsstoffe aktivieren gezielt den Abtransport des Alzheimer-Toxins und sind damit geschmackvolle Medizin. Ähnlich wirken Grüner oder Schwarzer Tee, ebenso Kaffee. Da diese Getränke koffeinhaltig sind, sollten sie jedoch nur vormittags getrunken werden. Tee sollten Sie nur im Fachgeschäft kaufen. Lassen Sie sich beraten, ob er schadstoffarm ist. Das Biosiegel ist als Hinweis darauf leider nicht immer ausreichend.[15]

Vermeiden Sie Süßgetränke aller Art. Was den Zucker im Blut in die Höhe treibt, schadet auch Ihrem Gehirn! Das gilt insbesondere für Fruchtzucker (Fructose). Er ist außerordentlich entzündungsfördernd. Aus diesem Grund sollten Sie ganze Früchte den Fruchtsäften vorziehen: Obst macht satt, dieselbe Menge an Saft jedoch nicht. Wir trinken leicht mehr, als wir essen würden. Und der Fruchtzucker aus dem Saft schießt förmlich ins Blut. Zudem wird Obst »am Stück« viel langsamer verdaut als Saft. Aus demselben Grund sollten fructosehaltige Süßungsmittel wie beispielsweise Agavendicksaft (bis zu 90 Prozent reine

Fructose) aus der Küche verbannt werden. Dieser wird oft als alternative Zuckerquelle beworben, weil er den Blutzuckerspiegel nur wenig ansteigen lässt. Das kommt aber daher, dass man beim Blutzucker Glucose, nicht aber Fructose misst. Nur weil man den Fruchtzuckerspiegel ignoriert, bedeutet das aber nicht, dass er nicht ansteigt und das Gehirn schädigt.

Wenn Sie Speisen süßen wollen, nutzen Sie am besten frische oder getrocknete Früchte wie zum Beispiel Datteln, Rosinen oder Feigen. Sie liefern viele gesunde Begleitstoffe, die dem reinen Zucker fehlen. Für das Süßen von Getränken eignet sich deshalb auch Honig gut, insbesondere, da der darin enthaltene Zucker in einfacher Form vorliegt und deshalb eine hohe Süßkraft hat. Man benötigt daher deutlich weniger, um den gewünschten Effekt zu erzielen. Doch wenn es Zucker sein soll, dann empfehle ich zumindest Rohrohr- oder Kokosblütenzucker. Letztendlich wäre es aber besser, das Geschmacksempfinden zu trainieren: Wie viel Süße man benötigt, ist letztendlich davon abhängig, an wie viel man sich gewöhnt hat. Gewöhnung gelingt in beide Richtungen.

PRAKTISCHE UMSETZUNG

Der Weg hin zu einer gehirngesunden Ernährung ist an sich nicht schwierig. Er ist sicherlich eine Herausforderung, aber eine machbare. Voraussetzung ist allerdings, dass Sie offen sind für neue kulinarische Erfahrungen und bereit sind zu experimentieren. Im Folgenden haben meine Frau und ich Ihnen zehn Rezepte aus unserer eigenen Küche zusammengestellt. Sie sind allesamt aus der Notwendigkeit entstanden, unsere Küche hirngesunder zu gestalten. Das bedeutete, bisherige Rezepte zu verändern und so manches Fertigprodukt selbst herzustellen.

Um die Veränderung leichter erkennbar zu machen, habe ich für die Zutaten verschiedene Farben verwendet:

- **ROT** bedeutet, dass im Nahrungsmittel entweder viele ungesunde Bestandteile sind oder dass es so gut wie keine gesunden Bestandteile liefert.

- **ORANGE** bedeutet, dass das Nahrungsmittel an sich akzeptabel ist, aber in der herkömmlichen Küche beziehungsweise in Fertigprodukten meist nicht aus biologischem Anbau stammt.

- **GRÜN** bedeutet, dass das Lebensmittel aus biologischem Anbau stammt und reich an gesunden Vitalstoffen ist.

Gesunde Rezepte zeichnen sich dadurch aus, dass ihre Zutaten allesamt in grüner Farbe sind. Aber auch dadurch, dass sie schonend verarbeitet werden.

REZEPTLISTE

HINWEISE

1 ml	1 Milliliter
1 Msp.	eine Messerspitze
1 TL	1 Teelöffel
1 EL	1 Esslöffel
1 g	1 Gramm

Kürbiscreme-Suppe – selbst gemacht

KÜRBISCREME-SUPPE – SELBST GEMACHT

Ergibt 8 Portionen à 250 ml
Zubereitungszeit: etwa 30 Minuten | Kochzeit: 10–15 Minuten

TYPISCHES FERTIGREZEPT (ZUM ANRÜHREN)		GEHIRNGESUNDES REZEPT (BIOPRODUKTE)	
40 g	Kürbis	850 g	Hokkaido-Kürbis
(Das entspricht nur etwa 5 g (!) Kürbis pro Portion!)		*(Das entspricht etwa 105 g (!) Kürbis pro Portion)*	
0,5 l	Wasser	1 l	Wasser
40 g	Glucosesirup		
	Maltodextrin		
Etwa 5 g (!)	Fructose		
Zucker pro	Milchzucker		
Portion	Stärke		
	Weizenmehl		
	Kartoffelstärke		
	Palmöl	1 EL	Kokosöl
	Gewürze	1	Zwiebel
	Aromen	1	walnussgroßes Stück Ingwer
	Hefeextrakt		frisch gemahlener Pfeffer
		1 TL	Kurkuma
		1 Msp	Muskat
		50 ml	Orangensaft
	Zitronen-saftpulver		
	Milcheiweiß	100 ml	Kokosmilch
	Sojasauce		
	Salz	1 TL	Jodsalz

ZUBEREITUNG

Einen etwa 1 Kilogramm schweren Kürbis waschen (er muss nicht geschält werden), vierteln, mithilfe eines Löffels entkernen und grob in Stücke schneiden. Die Kürbisstücke haben dann ein Gewicht von etwa 850 Gramm.

Das Wasser in einem Wasserkocher oder in einem weiteren Topf zum Kochen bringen.

Die Zwiebel schälen und hacken. Den Ingwer schälen und reiben. In einem großen Topf das Kokosöl erhitzen, die Zwiebelstückchen darin 1 Minute anbraten. Den Ingwer zugeben und mit den Zwiebeln vermischen. Mit einem Teil des Wassers ablöschen und umrühren. Die Kürbisstücke hineingeben. Den Rest des Wassers zugeben und die Kürbisstücke 10 bis 15 Minuten kochen, bis sie weich sind.

Den Topf von der Kochstelle nehmen und alles mit einem Mixstab pürieren. Mit Jodsalz, Pfeffer, Kurkuma und Muskat würzen, den Orangensaft zugeben und mit einem Schneebesen umrühren. Zuletzt die Kokosmilch einrühren und alles auf Teller verteilen.

Reste im Kühlschrank aufbewahren und innerhalb von drei Tagen verbrauchen oder in der gewünschten Portionsgröße einfrieren.

*Schwäbischer
Zwiebelkuchen –
eine gesunde
Variante*

SCHWÄBISCHER ZWIEBELKUCHEN – EINE GESUNDE VARIANTE

Ergibt 8 Stücke
Zubereitungszeit incl. Gehzeit für den Teig: ca. 1 Stunde
Backzeit: 20–25 Minuten

FÜR DEN HEFETEIG

KLASSISCHES REZEPT		GEHIRNGESUNDES REZEPT IN BIOQUALITÄT	
½ Würfel	Hefe	½ Würfel	Hefe
1 TL	Zucker	½ TL	Rohrohrzucker
100 ml	lauwarme Milch	100 ml	lauwarmes Wasser
250 g	Weißmehl	125 g	Dinkelvollkornmehl
		125 g	Dinkelmehl Typ 1050
50 g	Butter	50 ml	Olivenöl extra vergine
1 TL	Salz	1 TL	Jodsalz

ZUBEREITUNG

Die Hefe in der Schüssel der Küchenmaschine zerbröseln und mit etwas lauwarmem Wasser auflösen. Den Rohrohrzucker zugeben, alles glattrühren und 10 Minuten stehen lassen.

Mehl, Wasser, Olivenöl und Jodsalz zugeben und das Ganze zu einem glatten Teig verrühren. Den Teig eine halbe bis eine Stunde gehen lassen.

FÜR DEN BELAG

KLASSISCHES REZEPT		GEHIRNGESUNDES REZEPT IN BIOQUALITÄT	
500 g	Zwiebeln	500 g	Zwiebeln
2	Eier	2	Eier
100 ml	Saure Sahne	100 g	Seidentofu
50 g	Butter	20 ml	Kokosöl
100 g	Schinkenspeck, gewürfelt	100 g	Räuchertofu, gewürfelt
	Butterflocken		
	Pfeffer		Pfeffer aus der Mühle
1 TL	Kümmel	1 TL	Kümmel
1 TL	Salz	1 TL	Jodsalz

ZUBEREITUNG

Während der Teig aufgeht, die Zwiebeln schälen und in Würfel schneiden. Den Räuchertofu würfeln. In einer Pfanne das Kokosöl erhitzen und darin die Zwiebeln 5 Minuten anbraten. Gelegentlich umrühren. Die Räuchertofu-Würfel und eine Prise Jodsalz zugeben und alles weitere 5 Minuten unter gelegentlichem Rühren andünsten.

In einer Schüssel die Eier mit dem Seidentofu und dem Kümmel verquirlen, die Zwiebel-Tofu-Mischung und etwas frisch gemahlenen Pfeffer unterheben.

Den Backofen auf 200° C (Umluft 175° C) vorheizen. Den Teig mit einem Nudelholz ausrollen, mit einem ca. 1 cm hohen Rand in eine mit Backpapier ausgelegte Backform (Durchmesser 26 cm) drücken, die Zwiebelmischung darauf verteilen.

Im Backofen auf mittlerer Schiene 20 bis 25 Minuten backen und sofort servieren.

TIPP: Statt einer großen Zucchini können auch zwei kleine verwendet werden. Diese kann man noch nicht aushöhlen, aber Sie können die Füllung auf den Hälften festdrücken.

Gefüllte Zucchini
mit Hackfleisch –
vegetarische Variante
mit roten Linsen

GEFÜLLTE ZUCCHINI MIT HACKFLEISCH – VEGETARISCHE VARIANTE MIT ROTEN LINSEN

Für 2 Personen
Zubereitungszeit: 60 Minuten / davon Backzeit: 40–50 Minuten

KLASSISCHES REZEPT MIT HACKFLEISCH		GEHIRNGESUNDES REZEPT MIT ROTEN BIOLINSEN UND BIOPRODUKTEN	
250 g	Hackfleisch	150 g	Rote Linsen
1 große	Zucchini	1 große	Zucchini (ca. 600 g)
1 EL	Sonnenblumenöl	1 EL	Olivenöl
1	Zwiebel	1	Zwiebel
2 Zehen	Knoblauch	2 Zehen	Knoblauch
100 g	geschälte Tomaten aus der Dose	4	frische Tomaten
1 TL	Weißmehl	1 TL	Leinmehl
3 EL	Wasser	3 EL	Wasser
1 EL	Sonnenblumenöl	1 EL	Kokosöl
1	Ei	1	Ei
½ TL	Salz	½ TL	Jodsalz
1 Prise	Pfeffer		Pfeffer aus der Mühle
½ TL	Oregano	1 TL	Oregano
½ TL	Rosmarin	1 TL	Rosmarin
1 TL	Tomatenmark	1 TL	Tomatenmark
1 TL	Senf	1 TL	Senf
100 g	Emmentaler Käse, gerieben	100 g	Käseersatz, siehe Rezept
		300g	Cherry-Tomaten
		je ½ TL	Salz, Pfeffer, Rosmarin
		2 EL	Olivenöl

ZUBEREITUNG

Den Backofen auf 175° C (Umluft 150° C) vorheizen.

Die Linsen in 300 ml leicht gesalzenem Wasser 10 Minuten kochen, danach von der Kochstelle nehmen und beiseitestellen.

Die Zucchini waschen, längs halbieren, mithilfe eines Löffels entkernen und in eine mit Olivenöl gefettete Auflaufform legen. Die Zwiebel schälen und klein schneiden. Die Knoblauchzehen schälen und pressen. Die Tomaten waschen und in grobe Stücke schneiden. Das Leinmehl mit 3 EL Wasser glatt rühren.

In einem Topf das Kokosöl erhitzen und die Zwiebeln darin eine Minute anbraten. Den Knoblauch und die Tomatenstücke zugeben und kurz mitbraten. Den Topf von der Kochstelle nehmen, die Linsen, das Ei, Salz, Pfeffer, Oregano, Rosmarin, Tomatenmark, Senf und Leinmehl zugeben und alles gut vermischen. Die Masse in die Zucchinihälften füllen. Nach Belieben 300 Gramm halbierte, mit Jodsalz, Pfeffer und Rosmarin gewürzte Cherry-Tomaten um die Zucchini anordnen. Alles mit dem Olivenöl beträufeln und im Backofen 20 Minuten garen.

KÄSEERSATZ

100 g	blanchierte Mandeln
10 g	Hefeflocken (aus getrockneter Hefe, kein Hefeextrakt!)
½ TL	Jodsalz
1 TL	weißes Mandelmus
2 EL	Wasser

Mandeln, Hefeflocken und Jodsalz in einen Standmixer geben und so lange mixen, bis eine parmesanähnliche Konsistenz erreicht ist. Das Mandelmus und Wasser dazugeben, alles verrühren.

Den Käseersatz auf die Zucchinihälften geben und alles weitere 20 bis 30 Minuten garen.

Dazu passt grüner Blattsalat.

*Spaghetti Carbonara –
gesunde Variante*

SPAGHETTI CARBONARA – GESUNDE VARIANTE

Für 4 Personen
Zubereitungszeit: 30 Minuten

KLASSISCHES REZEPT MIT SPECK		GEHIRNGESUNDES REZEPT IN BIOQUALITÄT	
400 g	Spaghetti	400 g	Vollkornspaghetti
1	Zwiebel	1	Zwiebel
1	Knoblauchzehe	1	Knoblauchzehe
6 Scheiben	nicht geräucherter Speck, durchwachsen	200 g	Räuchertofu
2 EL	Olivenöl	2 EL	Olivenöl
2 EL	Petersilie	2 EL	Petersilie
3	Eier	3	Eier
4 EL	geriebener Parmesan	4 EL	Parmesanersatz, siehe Rezept
100 ml	Schlagsahne	100 ml	Kokosmilch
		4 EL	Nudelwasser
½ TL	Salz	1 TL	Jodsalz
1 Prise	Pfeffer, frisch		Pfeffer aus der Mühle

ZUBEREITUNG

Die Vollkornspaghetti in einem großen Topf in leicht gesalzenem Wasser etwa 8 Minuten al dente kochen. Beim Abschütten das Nudelwasser auffangen und die Spaghetti bei geschlossenem Deckel beiseitestellen.

Den Parmesanersatz herstellen.

PARMESANERSATZ

100 g	Bio-Cashewnüsse
10 g	Hefeflocken (kein Hefeextrakt!)
½ TL	Jodsalz

ZUBEREITUNG

Alle Zutaten in einem Standmixer so lange mixen, bis eine parmesanähnliche Konsistenz entstanden ist. In ein Schraubglas füllen. Hält sich im Kühlschrank mehrere Tage.

Die Zwiebel schälen und klein schneiden. Die Knoblauchzehe schälen und pressen. Den Räuchertofu würfeln. Die Petersilie waschen und hacken.

Das Olivenöl in einer Pfanne leicht erhitzen. Die Zwiebelstückchen hineingeben und bei mittlerer Hitze 1 Minute anbraten, bis sie glasig sind. Den Knoblauch und die Räuchertofu-Stücke zugeben. Mit Jodsalz und Pfeffer würzen und alles weitere 5 Minuten unter gelegentlichem Umrühren anbraten, bis der Tofu leicht gebräunt ist.

Die Eier mit dem Parmesanersatz, der Kokosmilch, dem Nudelwasser und der gehackten Petersilie mit einem Handmixer verquirlen. Mit Salz und Pfeffer würzen und zusammen mit der gebratenen Tofu-Mischung unter die Spaghetti heben. Sofort servieren.

Dazu passt grüner oder gemischter Salat.

TIPP: Nudeln aus Vollkornmehl nehmen mehr Flüssigkeit auf als Nudeln aus Weißmehl. Deshalb werden Reste, die man eventuell für den nächsten Tag aufbewahren will, in ihrer Konsistenz trocken. Das lässt sich beheben, indem man beim Aufwärmen etwas Nudelwasser und/oder Kokosmilch untermischt. Eventuell auch etwas nachwürzen.

Zürcher Geschnetzeltes
mit Spätzle –
vegetarische Variante

ZÜRCHER GESCHNETZELTES MIT SPÄTZLE – VEGETARISCHE VARIANTE

Für 2 Personen
Zubereitungszeit: ca. 45 Minuten

KLASSISCHES REZEPT MIT KALBFLEISCH		GEHIRNGESUNDES REZEPT IN BIOQUALITÄT	
1	Zwiebel	1	Zwiebel
100 g	Champignons	100 g	Champignons
300 g	Kalbfleisch	300 g	Austernpilze
5 EL	Sonnenblumenöl	1 EL	Kokosöl
2 TL	Butter		
4 EL	Weißwein	4 EL	Wasser
2 TL	Salz	2 TL	Jodsalz
1 Prise	Pfeffer		Pfeffer aus der Mühle
1 TL	Edelsüßes Paprikapulver	1 TL	Edelsüßes Paprikapulver
2 TL	Weißmehl	2 TL	Leinmehl
1 TL	Tomatenmark	1 TL	Tomatenmark
100 ml	Vollmilch	100 ml	Sojadrink, ungesüßt
200 ml	Schlagsahne	200 ml	Kokosmilch

ZUBEREITUNG

Die Zwiebel schälen und klein schneiden, die Champignons putzen und in Scheiben schneiden, die Austernpilze putzen und in Stücke schneiden.

Das Kokosöl in einem Topf erhitzen, die Zwiebelstücke darin 1 bis 2 Minuten anbraten, bis sie glasig werden. Das Wasser angießen. Die

Champignons und die Austernpilze zugeben, mit Jodsalz, Pfeffer und Paprikapulver würzen, vorsichtig umrühren und alles 15 Minuten bei mittlerer Hitze und bei geschlossenem Deckel köcheln lassen.

Inzwischen das Leinmehl und das Tomatenmark mit dem Sojadrink anrühren. Nach der Kochzeit den Topf von der Kochstelle nehmen, die Leinmehl-Mischung und zuletzt die Kokosmilch einrühren. Alles warm halten, bis die Spätzle fertig sind.

FÜR DIE SPÄTZLE

KLASSISCHES REZEPT		GEHIRNGESUNDES REZEPT	
150 g	Weißmehl	150 g	Kichererbsenmehl
2	Eier	2	Eier, Größe M
½ TL	Salz	½ TL	Jodsalz
100 ml	Wasser	100 ml	Wasser
1 l	Wasser	1 l	Wasser
etwas	Salz	etwas	Jodsalz
1 EL	Butter		

ZUBEREITUNG

Kichererbsenmehl, Eier, Jodsalz und Wasser mit einem Handmixer verrühren und 10 Minuten quellen lassen.

In einem Topf das leicht gesalzene Wasser zum Kochen bringen. Den Teig entweder durch eine Spätzlepresse in das Wasser drücken oder von einem Spätzlebrett hineinschaben. Die Spätzle etwa 1 Minute köcheln lassen und mit einer Schaumkelle herausnehmen.

Das Geschnetzelte und die Spätzle auf Tellern anrichten. Dazu passt grüner oder gemischter Salat.

Currywurst – eine vegane Variante

Dieses Gericht ist ein wunderbarer Ersatz für die beliebte Currywurst – und dabei auch noch gesund!

Mit Essiggurken, Senf und Vollkornbrot genießen.

CURRYWURST – EINE VEGANE VARIANTE

Für 2 Personen
Zubereitungszeit: ca. 20 Minuten

CURRYWURST – TYPISCHE INHALTSSTOFFE		GEHIRNGESUNDES REZEPT (BIOPRODUKTE)	
Etwa 200 g	Schweinefleisch und Speck	200 g	Tofu
Etwa 20 g	Salz, Natriumnitrit, Curry, Diphosphate, Ascorbinsäure, Rauch		
Sauce:	Wasser, Tomatenmark, Zucker, modifizierte Stärke, Speisesalz, Curry, Guarkernmehl, Branntweinessig, Laktose, Gewürze	2 große	Zwiebeln
		3 EL	Kokosöl
		2 EL	Currypulver
		1 Prise	Jodsalz
			Pfeffer aus der Mühle

ZUBEREITUNG

Den Tofu in etwa einen halben Zentimeter dicke Scheiben schneiden. Die Zwiebeln schälen und in Ringe schneiden.

Das Kokosöl in eine Pfanne geben und darin die Zwiebeln und den Tofu bei mittlerer Hitze braten, bis die Zwiebeln glasig werden und der Tofu leicht gebräunt ist.

Das Ganze mit Curry bestreuen, leicht salzen und gut durchmischen. Zum Schluss Pfeffer darübermahlen.

*Schmackhafte
Alternativen zu Wurst
und Käse aufs Brot*

SCHMACKHAFTE ALTERNATIVEN ZU WURST UND KÄSE AUFS BROT

ALLE ZUTATEN IN BIOQUALITÄT!

AVOCADOCREME MIT OLIVEN

Ergibt 2 Portionen
Zubereitungszeit: 10 Minuten

1	Avocado
80 g	grüne entsteinte Oliven
2 EL	gehackte Petersilie
1 EL	Olivenöl
1 TL	Abrieb einer Zitrone
1 TL	Zitronensaft
½ TL	Jodsalz
	Pfeffer aus der Mühle

ZUBEREITUNG

Die Avocado halbieren und den Kern herauslösen. Das Fruchtfleisch mithilfe eines Löffels aus der Schale heben und mit einer Gabel zerquetschen. Die Oliven in Scheibchen schneiden oder grob hacken. Petersilie, Zitronenabrieb, Zitronensaft und Jodsalz dazugeben und alles vermengen. Zum Schluss Pfeffer darübermahlen.

LACHSAUFSTRICH

Ergibt 2 Portionen
Zubereitungszeit: 3 Minuten

100 g	geräucherter Lachs
100 g	Seidentofu
1 EL	mildes Olivenöl
	Pfeffer aus der Mühle

ZUBEREITUNG

Alle Zutaten außer dem Pfeffer in einen Mixbecher geben und pürieren. In einer kleinen Schüssel anrichten und Pfeffer darübermahlen.

ARTISCHOCKENPASTE

Ergibt 2 Portionen
Zubereitungszeit: 5 Minuten

120 g	Artischockenherzen in Wasser aus der Dose
1 EL	Olivenöl
20 g	Cashewmus
1 TL	Tomatenmark
1 Prise	Jodsalz
	Pfeffer aus der Mühle

ZUBEREITUNG

Die Artischockenherzen aus der Dose nehmen, grob zerkleinern und in einen Mixbecher geben. Olivenöl, Cashewmus, Tomatenmark und Jodsalz zugeben und alles mit einem Mixstab pürieren. In eine kleine Schüssel füllen und Pfeffer darübermahlen.

SARDINEN-AUFSTRICH

Ergibt 2 Portionen
Zubereitungszeit: 15 Minuten

1 Dose	Sardinen in Olivenöl
1 EL	Olivenöl
1	rote Paprikaschote
1 EL	Zitronensaft
3 EL	Sojaghurt
½ TL	getrockneter Oregano
20 g	Kapern
	Pfeffer aus der Mühle

ZUBEREITUNG

Die Sardinen aus der Dose nehmen, in einen Mixbecher geben und beiseitestellen. Die Paprikaschote waschen und in kleine Stücke schneiden. Die Paprikastücke in einer Pfanne bei mittlerer Hitze im Olivenöl 5 Minuten anbraten. Dabei immer wieder umrühren. Danach auf einem Teller abkühlen lassen.

Die abgekühlten Paprikastücke zusammen mit dem Zitronensaft, dem Sojaghurt und dem Oregano zu den Sardinen geben und mit einem Mixstab grob pürieren. Die Kapern mit einem Löffel unterrühren und alles in einer kleinen Schüssel anrichten. Zuletzt Pfeffer darübermahlen.

Quarkkuchen mit Heidelbeeren – eine gesunde Alternative

QUARKKUCHEN MIT HEIDELBEEREN – EINE GESUNDE ALTERNATIVE

Ergibt 12 Stücke
Zubereitungszeit incl. Backzeit: etwa 1 Stunde
Backzeit: etwa 45 Minuten

KLASSISCHES REZEPT		GEHIRNGESUNDES REZEPT (BIOPRODUKTE)	
350 g	Weißmehl	150 g	Dinkelvollkornmehl
		150 g	Dinkelmehl Typ 1050
		50 g	Leinmehl
2 TL	Backpulver	15 g	Weinsteinbackpulver
1 Pck.	Vanillezucker	½ TL	Bourbon-Vanille, gemahlen
100 g	Zucker	30 g	Rohrohrzucker
2 EL	Milch	2 EL	Sojadrink, ungesüßt
150 g	kalte Butter	100 ml	Kokosöl, flüssig
		50 ml	Wasser
1	Ei	1	Ei
1 Prise	Salz	1 Prise	Jodsalz

KNETTEIG

ZUBEREITUNG

Den Backofen auf 175° C, Umluft 150° C, vorheizen. Die Mehlsorten und das Weinsteinbackpulver mischen und in die Schüssel einer Küchen-rührmaschine sieben. Mit den restlichen Zutaten zu einem glatten Teig verrühren.

Den Teig beiseitestellen, bis der Belag hergestellt ist.

BELAG

KLASSISCHES REZEPT		GEHIRNGESUNDES REZEPT (BIOPRODUKTE)	
500 g	Heidelbeeren	500 g	Heidelbeeren
500 g	Sahnequark, abgetropft	800 g	Soja-Alternative zu Quark
125 ml	Sahne		
1	Ei	3	Eier
2 EL	Speisestärke	3 EL	Chiasamen (etwa 30 g)
100 g	Zucker	50 g	Rohrohrzucker
½ TL	abgeriebene unbehandelte Zitronenschale	½ TL	abgeriebene unbehandelte Zitronenschale
Saft von ½ Zitrone		Saft von ½ Zitrone	
1 Prise	Salz	1 Prise	Jodsalz

ZUBEREITUNG

Die Heidelbeeren in einem Sieb abbrausen und abtropfen lassen. Die Quark-Alternative in eine Schüssel geben. Die Eier trennen. Eigelbe, Chiasamen, Rohrohrzucker, Zitronenabrieb und Zitronensaft zur Quark-Alternative geben und alles mit einem Handmixer verrühren, bis eine gleichmäßige Creme entstanden ist. Dann die Heidelbeeren einrühren. Die Eiweiße mit einer Prise Jodsalz zu Schnee schlagen und mit dem Schneebesen vorsichtig unterheben.

Den Teig mit einem Nudelholz ausrollen und in eine mit Kokosöl eingepinselte Springform (Durchmesser 28 cm) drücken. Die Quark-Alternative-Masse darauf verteilen und im Backofen ca. 45 Minuten backen, bis die Oberfläche leicht bräunlich wird. Abkühlen lassen und vor dem Servieren mindestens 2 Stunden in den Kühlschrank stellen.

Hier ist kein Guss nötig. Durch die Verwendung einer größeren Menge Quark-Alternative als im ursprünglichen Rezept und einer größeren Anzahl von Eiern wird der Kuchen ausreichend hoch.

TIPP: Anstelle von frischen Heidelbeeren können auch aufgetaute und abgetropfte Tiefkühl-Himbeeren oder andere Beeren verwendet werden.

Vanille-Pudding zum Anrühren – die Chia-Kokos-Variante mit Obstsalat

VANILLE-PUDDING ZUM ANRÜHREN – DIE CHIA-KOKOS-VARIANTE MIT OBSTSALAT

Für 4 Portionen
Zubereitungszeit: etwa 5 Minuten
Quellzeit für die Chiasamen: 2 Stunden

VANILLE-PUDDING — FERTIGREZEPT ZUM ANRÜHREN		GEHIRNGESUNDES REZEPT (BIOPRODUKTE)	
Etwa 37 g	Puddingpulver Maisstärke Aroma mit Milchzucker Carotin oder Chinolingelb und Gelborange S als Farbstoffe Kochsalz	60 g	Chiasamen
		1 Msp.	Bourbon-Vanille, gemahlen
40 g	Zucker	10 g	Rohrohrzucker
500 ml	Milch	400 ml	Kokosmilch

ZUBEREITUNG

Chiasamen mit der Kokosmilch, der gemahlenen Bourbon-Vanille und dem Rohrohrzucker in einer Schüssel verrühren und 2 Stunden quellen lassen.

FÜR DEN OBSTSALAT

1	Mango
2	Kiwis
100 g	Heidelbeeren
100 g	Johannisbeeren
2 EL	Zitronensaft
1 EL	Minzeblättchen

ZUBEREITUNG

Die Mango und die Kiwis schälen, klein schneiden und in eine Schüssel geben. Die Johannisbeeren, die Heidelbeeren und den Zitronensaft untermischen. Die Chiasamen-Kokoscreme nach der Quellzeit in vier Schälchen füllen, das Obst darauf verteilen oder in einem extra Schälchen dazu reichen und mit den Minzeblättchen garnieren.

TIPP: Schmeckt auch gut mit anderen Beeren oder mit anderem Obst wie zum Beispiel frischer Ananas.

Eiscreme –
selbst gemacht und hirngesund

EISCREME – SELBST GEMACHT UND HIRNGESUND

Auch wenn man keine Eismaschine hat, kann man herrliche Eissorten selbst herstellen. Es ist gar nicht schwierig, ja, sogar kinderleicht.

BANANENEIS

BANANENEIS – EINE TYPISCHE FERTIGVARIANTE	GEHIRNGESUNDES REZEPT (BIOPRODUKTE)
Bananenpüree (11 %) entrahmte Milch Sahne 19% Zucker Glucose-Fructose-Sirup Magermilchpulver färbende Frucht- und Pflanzenkonzentrate Mono- und Diglyceride von Speisefettsäuren Stabilisatoren (Johannisbrotkernmehl, Guarkernmehl)	2 reife Bananen (100 %) Weitere Zutaten sind nicht nötig!

ZUBEREITUNG

Die Bananen in Scheiben schneiden und 2 bis 3 Stunden ins Tiefkühlfach stellen. Die Bananenscheiben sollten noch nicht ganz durchgefroren sein. In einem Standmixer pürieren, bis eine cremige Masse entstanden ist. In Schälchen verteilen und sofort servieren.

HIMBEEREIS

HIMBEEREIS – EINE TYPISCHE FERTIGVARIANTE	GEHIRNGESUNDES REZEPT (BIOPRODUKTE)
Himbeersaft aus Fruchtsaftkonzentrat (54%) Farbstoff	150 g gefrorene Himbeeren
Zucker, Glucosesirup	15 g Rohrohrzucker
Aroma	1 Msp. Bourbon-Vanille, gemahlen
Stabilisatoren Säuerungsmittel	150 ml Kokosmilch

ZUBEREITUNG

Die Kokosmilch aus der Dose in einen Mixbecher schütten und mit einem Rührgerät so lange verrühren, bis eine homogene Flüssigkeit entstanden ist. 150 ml davon abmessen und mit den gefrorenen Himbeeren, dem Rohrohrzucker und der Bourbon-Vanille in einem Standmixer so lange pürieren, bis eine gleichmäßige cremige Masse entstanden ist. In einer geeigneten Schüssel ins Tiefkühlfach stellen. Ab und zu mit einer Gabel umrühren. Nach etwa 2 Stunden ist die richtige Konsistenz erreicht. In Schälchen verteilen und servieren.

Die übrige Kokosmilch in einem Schraubglas im Kühlschrank aufbewahren (oder für das Schokoladeneis verwenden, siehe nächstes Rezept).

TIPP: Statt der Himbeeren können Sie auch Erdbeeren verwenden.

SCHOKOLADENEIS

SCHOKOLADENEIS – EINE TYPISCHE FERTIGVARIANTE	GEHIRNGESUNDES REZEPT (BIOPRODUKTE)	
Fettarmer Kakao und Kakaopulver (insgesamt 5 %) Glucosesirup, Glucose-Fructose-Sirup, Zucker	20 g	Kakaopulver (insgesamt 9 %)
	10 g	Rohrohrzucker
entrahmte Milch, Wasser, Kokosfett, Sahne 2 %, Mono- und Diglyceride von Speisefettsäuren, Stabilisatoren	200 ml Kokosmilch	

ZUBEREITUNG

Die Kokosmilch aus der Dose (400 ml) in einen Mixbecher schütten und mit einem Rührgerät so lange verrühren, bis eine homogene Flüssigkeit entstanden ist. 200 ml davon abmessen und mit einem Rührgerät in einem Mixbecher mit dem Kakaopulver und dem Rohrohrzucker verrühren.

In einer geeigneten Schüssel 2 bis 3 Stunden ins Tiefkühlfach stellen. Ab und zu mit einer Gabel umrühren. Nach etwa 2 Stunden ist die richtige Konsistenz erreicht. Das Eis dann in Schälchen verteilen und servieren.

Die übrige Kokosmilch in einem Schraubglas im Kühlschrank aufbewahren.

EIN PAAR LETZTE TIPPS

LOKAL, BIO UND ARTGERECHT

Aus dem Gesagten geht deutlich hervor, dass ich dringend für eine artgerechte Erzeugung unserer Lebensmittel plädiere. Anders ist eine artgerechte Ernährung der Menschen nicht möglich. Biologisch Angebautes hat eine durchschnittlich 500 Mal geringere Schadstoffbelastung und zugleich einen deutlich höheren Gehalt an Vitaminen und unzähligen Vitalstoffen als konventionell Angebautes.[16] Allerdings hat natürlich nicht jeder die Möglichkeit, sein Gemüse selbst anzubauen. Und nicht immer gibt es einen Biolandwirt in der Nähe. So ist der kommerzielle Bioanbau die einzige Option, die Einnahme von hirnschädlichen Pestiziden zu vermindern.

Der Vitalstoffgehalt an Vitaminen und an vielen weiteren bioaktiven Inhaltsstoffen ist umso höher, je reifer die Lebensmittel geerntet werden können. Dadurch sind auch die Transportwege kürzer. Deshalb empfehle ich, so oft wie möglich regionale und saisonale Lebensmittel zu verwenden. Zum Beispiel im Sommer Tomaten und Paprika, im Winter stattdessen Feldsalat, Endivien, Rüben und Kohl.

Lassen Sie sich dabei nicht täuschen durch Aufdrucke wie »aus der Heimat«, die kein Biosiegel haben. Auch Lebensmittel aus der Region sollten biologisch erzeugt sein! Auch Begriffe wie »umweltgerecht«, »kontrollierter Anbau« oder »naturnaher Anbau« sind leider irreführend. Das ist alles nicht bio. Zudem muss man leider auch bei biologischen Produkten wachsam auf die Qualität achten. Wenn ein Hühnerei ein Biosiegel trägt, ist das noch keine Garantie dafür, dass das Huhn artgerecht gehalten wurde. Dasselbe gilt für die Fleisch- und Fischproduktion. Wenn Sie sicher sein wollen, dass die Tiere tatsächlich artgerecht gehalten wurden, sprechen Sie mit dem Verkäufer Ihres lokalen Biomarktes. Dort kostet es möglicherweise etwas mehr als beim Discounter. Aber Ihre Gesundheit und der Erhalt der Natur sollten Ihnen das wert sein – hier wiederhole ich mich gerne! Oder kaufen Sie direkt bei einem vertrauenswürdigen Produzenten in Ihrer Umgebung: Schauen Sie sich die Tierhaltung an oder gleich dem Tier, das Sie essen wollen, in die Augen.

Es ist letztendlich auch die Entscheidung der Verbraucher, wenn unser Trinkwasser durch hohen Nitratgehalt aus der Massentierhaltung zum Gesundheitsrisiko wird. Wir Kunden bestimmen durch unser Kaufverhalten, was angeboten und wie es hergestellt wird. Nicht die Politiker, nicht die Erzeuger und nicht die Großaktionäre haben die Macht – wir selbst haben es in der Hand! So sagte schon Mahatma Gandhi:

> *»Sei du selbst die Veränderung,*
> *die du dir wünschst für diese Welt.«*

ESSEN IST MEHR ALS NUR ESSEN

Eine gesunde Ernährung ist ein wichtiger Teil der Formel gegen Alzheimer. Sie liefert uns Energie, Baustoffe und lebenswichtige Schutzstoffe. Aber sie ist weit mehr als das. Essen ist ein wichtiger Teil unseres Lebens und auch unserer Kultur. Es verbindet uns auf vielfältige Weise mit anderen Menschen: Zum einen werden alle Nahrungsmittel von Menschen produziert. Wenn wir Qualität wollen, müssen wir ihnen vertrauen können. Wir müssen aber auch dafür sorgen, dass sie von ihrer wirklich nicht leichten Arbeit leben können. Damit kommt uns Verantwortung zu. Wenn Sie billige Waren kaufen, können Sie sicher sein, dass irgendjemand betrogen wurde. Zum anderen kann man mit anderen gemeinsam essen. Das sollte man auch so oft wie möglich tun. So bekommt die Aufnahme von Nahrung einen sozialen Aspekt. Und schließlich gilt für die meisten von uns: Damit wir etwas zu essen haben, müssen wir arbeiten. Diese Notwendigkeit gibt uns einen Sinn, morgens aufzustehen. Diesen sollte man nicht unterschätzen. Es ist für jeden Menschen lebenswichtig, eine Aufgabe zu haben und von anderen gebraucht zu werden.

VITALSTOFFDICHTE UND NAHRUNGSERGÄNZUNG

Bei einer gesunden Ernährung geht es darum, möglichst viele Vitalstoffe zuzuführen und nicht einfach nur möglichst viele Kalorien. Als Beispiel nehmen wir ein klassisches Frühstücksbrötchen. Es besteht meist aus Weißmehl, also leicht verdaulichen Kohlenhydraten. Außerhalb des Glucosefensters lassen diese deshalb Ihren Blutzucker in die Höhe schnellen. Darüber hinaus ist Weißmehl weitgehend befreit von allen gesunden Begleitstoffen, die das Vollkorn noch zu bieten hatte: Mineral- und Ballaststoffe, Vitamine und Proteine. Wer sich vorwiegend von solchen Produkten ernährt, entwickelt daher notgedrungen Mängel. Diese müssten dann mit Nahrungsergänzungsmitteln ausgeglichen werden. Doch das ist nicht zu empfehlen. Schließlich ist auch deren Zusammensetzung künstlich. Sie können, vor allem wenn man sie unkontrolliert zu sich nimmt, mehr Schaden anrichten als nützen.

MEIN TIPP: Essen Sie grundsätzlich vollwertig! Genießen Sie Vollkornbrot, Vollkornreis und Kartoffeln, und verwenden Sie wenn möglich frisch gemahlene Vollkornmehle zum Backen – natürlich alles in Bioqualität. Für den kleinen Hunger zwischendurch eignet sich auch eine Handvoll Nüsse oder eine Banane. Diese Naturprodukte enthalten langsam verdauliche Kohlenhydrate. Zudem sind sie voller Vitamine, gesunder Ballaststoffe und Spurenelemente. Es sollte klar sein: Die lebenswichtigen Inhaltsstoffe eines Apfels können nie in eine Pille gepackt werden, ohne sie zu verfälschen.

Dennoch, trotz einer gesunden Ernährung kann ein Mangel an bestimmten Vitaminen oder Spurenelementen vorliegen. Abneigungen gegen bestimmte Lebensmittel, aber auch angeborene oder erworbene Stoffwechselstörungen können dazu führen. Deshalb empfehle ich, dass Sie Ihren Stoffwechsel untersuchen lassen.

WAS IHR ARZT ÜBERPRÜFEN SOLLTE

Wie schon zuvor angedeutet: Mängel können im Einzelfall entstehen, selbst wenn man sich gesund ernährt. Viele bleiben unbemerkt, obwohl sie die Entstehung neuer Hirnzellen im Hippocampus beeinträchtigen. Das gestörte Wachstum macht uns zwar psychisch weniger stabil, raubt uns Lebensfreude und stört unsere Gedächtnisfunktion. Aber es verursacht keine Schmerzen. Selbst wenn sich schon eine handfeste Depression oder Alzheimer entwickelt hat, werden die Mängel oft nicht erkannt. So weit sollte es aber gar nicht erst kommen. Deshalb empfehle ich Ihnen, sich auf solche Mängel hin untersuchen zu lassen.

Folgende Werte sollte Ihr Arzt oder Therapeut überprüfen, da sie das Hippocampus-Wachstum direkt oder indirekt beeinflussen:

VITAMINE: A, B1, B2, B3, B5, B6, B9, B12 (als Holo-Transcobalamin), D-25-OH sowie das Coenzym Q10

Die meisten B-Vitamine sind pflanzlicher Herkunft. Eine ausreichende Versorgung mit diesen B-Vitaminen sollte durch eine vitalstoffreiche, vorwiegend vegane Ernährung sicherzustellen sein. Ob es Ihnen tatsächlich gelingt, sollte überprüft werden. Vitamin B12 ist in nennenswerten Mengen jedoch nur in tierischen Produkten vorhanden. Man muss aber kein Fleischesser sein, um den täglichen Bedarf an Vitamin B12 zu decken. In der Regel reicht ein Hühnerei pro Tag. Auch Fisch enthält dieses B-Vitamin. Veganer entwickeln auf Dauer jedoch möglicherweise einen Mangel an Vitamin B12, der nachgewiesenermaßen das Alzheimer-Risiko um ein Mehrfaches erhöhen kann. So führt ein Mangel an Vitamin B12 (aber auch an B6 und B9) zu einem Anstieg an gesundheitsschädlichem Homocystein im Blut. Deshalb sollte auch eine Homocystein-Messung dazugehören. Homocystein ist giftig für Nervenzellen und Blutgefäße. Hohe Werte gehen deshalb mit einem

hohen Demenz-Risiko einher. Werte unter etwa 7 Mikromol/Liter können durch eine artgerechte, vitaminreiche Ernährung erreicht werden.
Wenn der Wert dennoch zu hoch bleibt, müssen die möglichen Ursachen
untersucht und behandelt werden. Eventuell liegt ein Mangel an Vitamin B12 (oder B6 oder B9) vor. Wenn ein erhöhter Homocystein-Wert
unter Einnahme von Vitamin B12 (sowie Vitamin B6 und B9) nicht
absinkt, sollte Vitamin B12 eventuell gespritzt werden.[17]

Vitamin D kann außerhalb der Sommermonate oft nicht ausreichend über die Haut produziert werden. Und selbst im Sommer ist bei
vielen Menschen der Vitamin-D-Spiegel zu niedrig für einen optimalen
Schutz vor Alzheimer, Krebs und einigen anderen Volkskrankheiten.
Dieser Sachverhalt gibt dem Hormon den Charakter eines Vitamins, das
wir von außen zuführen müssen. Vitamin D kommt nur in Fisch (wie
Lebertran) und Meeresfrüchten in nennenswerten Konzentration vor.
Aber nur wenige essen wie die Inuit ausreichend Fisch, um trotz geringer Sonnenbestrahlung einen Vitamin-D-Mangel zu vermeiden. Ideal ist
eine Blutkonzentration von etwa 100 nmol/Liter (+/– 30 Prozent) an
sogenanntem 25-OH-D3. Für jedes nmol/Liter Abweichung nach unten
sind täglich etwa 50 IE (Internationale Einheiten) Vitamin D3 zum

Ausgleich nötig. Da können im Einzelfall Dosierungen von mehreren Tausend IE täglich nötig sein! Da Vitamin D fettlöslich ist, sollte es als Nahrungsergänzung immer zu fettreichen Mahlzeiten eingenommen werden.

Vitamin C und Vitamin E sind ebenfalls lebenswichtig. Trotzdem muss man meines Erachtens den Status nicht unbedingt überprüfen. Ein Mangel ist bei gesunder Ernährung nicht zu erwarten.

SPURENELEMENTE: Eisen, Jod, Natrium, Kalium, Kalzium, Lithium, Magnesium, Selen, Zink

Falls der Wert eines dieser Spurenelemente zu niedrig oder zu hoch ist, muss man ihn korrigieren. Dazu reicht meist ebenfalls schon eine Umstellung der Ernährung. Selen ist in den lokal produzierten Lebensmitteln aufgrund selenarmer Böden in Deutschland meist nur in geringen Mengen vorhanden. Das ist aber kein Problem. Beispielsweise findet sich Selen in sehr hohen Mengen in sämtlichen Kokosprodukten. Lithium ist selten in ausreichender Menge im örtlichen Leitungswasser zu finden. Man sollte deshalb täglich lithiumhaltiges Heil- und Mineralwasser trinken (siehe Seite 181).

FETTSTOFFWECHSEL: Die tägliche Zufuhr von Algenöl (oder ausreichend fettem Fisch) ist die Basis für einen hirngesunden Omega-3-Status. Dieser kann über eine Fettsäure-Analyse überprüft werden. Ein einfach durchzuführender Test untersucht und berechnet den Omega-3-Index, das Omega-6/3-Verhältnis und den Transfett-Anteil am Gesamtfett.[18]

Der Omega-3-Index spiegelt den Anteil hochwertiger Omega-3-Fettsäuren (EPA und DHA) an den gesamten Fettsäuren. Dieser sollte über 8 Prozent liegen. Das Omega-6/3-Verhältnis ist die Menge an Arachidonsäure, einer hochaktiven Omega-6-Fettsäure aus Fleischprodukten, und EPA, einer biologisch hochaktiven Omega-3-Fettsäure aus Fisch- und Algenöl. Der Quotient sollte zwischen 1 : 1 und maximal 2,5 : 1 liegen.

Transfettsäuren sind unnatürlich und schädlich. Ihr Anteil am Gesamtfett sollte deshalb so niedrig wie möglich sein, deutlich unter 0,5 Prozent. Ist der Transfett-Anteil höher, sollten Sie zusammen mit Ihrem Arzt über eine Veränderung Ihrer Ernährungsgewohnheiten nachdenken.

Mit einer Ernährung, wie ich Sie in diesem Buch vorstelle und noch etwas ausführlicher mit vielen weiteren Rezepten in meinem Familienkochbuch »Kopfküche« (siehe Seite 187) erkläre, sind alle diese optimalen Werte problemlos zu erreichen. Es kann allerdings einige Wochen dauern, bis sich die oben genannten Fettstoffwechselwerte durch Umstellung auf eine artgerechte Ernährung im gesunden Bereich einpendeln. Eine weitere Untersuchung nach zwei bis drei Monaten ist daher empfehlenswert. Zusätzlich sollte man das Gesamtcholesterin inklusive HDL- und LDL-Cholesterin messen. Ideal ist ein Verhältnis LDL zu HDL von 2 : 1. Dies kann in der Regel durch eine artgerechte Lebensweise erreicht werden. (Nicht nur die Ernährung spielt eine Rolle, auch Fasten über Nacht oder ausreichend Bewegung). Gelingt eine Optimierung nicht, könnte eine angeborene Stoffwechselstörung vorliegen. Das ist allerdings selten.

BLUTZUCKER: Auch für das Blutzucker-Gedächtnis, das sogenannte HbA1c, gilt, dass sich der Wert (falls er zu hoch ist) erst nach einigen Monaten normalisiert. Es sollte ein Wert unter 5,5 Prozent angestrebt werden.

ENTZÜNDUNG: Eine chronische Entzündung beeinträchtigt die Bildung neuer Hirnzellen im Hippocampus. Um diese auszuschließen, sollte CRP gemessen und eine Blutsenkung durchgeführt werden. Sind die Werte ungünstig, muss die Ursache untersucht und behandelt werden. Eventuell sollte auch TNF-alpha mit untersucht werden. Dieser Botenstoff ist bei akuten, aber vor allem bei chronischen Entzündungen erhöht.

SCHILDDRÜSENFUNKTION: Ein Mangel an Schilddrüsenhormonen beeinträchtigt die Funktion des Gehirns. Daher sollte TSH inklusive fT3 und fT4 überprüft werden.

CHRONISCHER STRESS: Eine Überproduktion des Stresshormons Cortisol hemmt das Hippocampus-Wachstum. Bei einem über den Tag hinweg erhöhten Wert kann die Ursache in akutem, meist aber chronischem Stress liegen. Mit der Umstellung auf eine artgerechte Lebensweise sollte sich der Cortisol-Spiegel normalisieren: Man lebt ausgewogener und wird zugleich stressresistenter. Gelingt eine Normalisierung nicht, sollte Ihr Arzt nach anderen Ursachen fahnden. Auch psychotherapeutische Hilfe kann angezeigt sein. Hier geht es darum, alte Verletzungen und Kränkungen aufzuspüren. Dann kann man gemeinsam lernen, falsche Reaktionsmuster zu durchbrechen. Oft kann nur so langfristig verhindert werden, dass akute Erlebnisse zu Auslösern werden, die immer wieder diese »alten Wunden« aufreißen. Stressreduktion ist auch durch Yoga, Meditation, Entspannungsübungen sowie verschiedene Formen des Achtsamkeitstrainings möglich. Ebenso können Körperentspannungsverfahren helfen, zum Beispiel eine Cranio-Sakraltherapie.

GROSSES BLUTBILD UND EINIGE WEITERE WICHTIGE WERTE: Ein großes Blutbild sowie eine Untersuchung von Gamma-GT, Kreatinin, Harnstoff und Harnsäure sind meist Routine nach einer Blutabnahme. Ein erhöhter Harnsäurespiegel kann Gicht auslösen. Durch Einschränkung des Konsums von Fruchtzucker aus Fertigprodukten und Getränken sowie durch Verzicht auf Fleischwaren und Innereien sollte sich der Wert normalisieren. Das ist gut gegen Gicht und für das Gehirn.

GIFT- UND GEFAHRENSTOFFE: Nicht zuletzt sollte Ihr Arzt nach Giftstoffen fahnden, die im konkreten Verdacht stehen, Alzheimer mit zu verursachen. Dazu gehören Aluminium, Arsen, Quecksilber, Cadmium, Blei sowie freies Kupfer. Liegen tatsächlich gefährliche Konzentrationen im Gewebe vor, genügt eine einfache Blutuntersuchung, um dies festzustellen. Bei Hinweisen auf eine Schwermetallbelastung empfehle ich eine Ausleitung mittels Alpha-Liponsäure. Da der Wirkstoff Alpha-Liponsäure den Blutzucker senken kann, sollte man sie nur unter ärztlicher Aufsicht einnehmen. Sie besitzt viele weitere Funktionen, die für die Therapie bei Alzheimer sinnvoll sind. Deshalb ist ihr Einsatz auch Teil der von mir vorgeschlagenen Maßnahmen zur Behandlung von Alzheimer (siehe Teil 3).

GENETISCHER TEST: Interessant wäre auch, zu erfahren, welche Variante des ApoE-Gens Sie in Ihrem Erbgut tragen. Entweder handelt es sich um eine oder zwei Kopien von ApoE-2, 3 oder von 4. Bei Vorliegen eines und insbesondere zweier ApoE4-Gene ist eine artgerechte Lebensweise von noch viel größerer Wichtigkeit, will man Alzheimer vermeiden. Zudem würde ich dann dazu raten, die Aufnahme von eisenhaltigen Produkten deutlich zu mindern, also weniger Fleisch und Wurstwaren zu sich zu nehmen. Was generell zu empfehlen ist, ist in diesem Fall noch wichtiger: Es gibt Hinweise, dass ApoE4 verstärkt Eisen ins Gehirn transportiert. Dort kann ein Überschuss an freiem Eisen Entzündungen verursachen, die Alzheimer begünstigen.

MEDIKAMENTENEINNAHME: Eine weitere Gefahr, an Alzheimer zu erkranken, geht von Medikamenten aus, die gerade bei älteren Menschen sehr häufig verschrieben werden. Es ist wichtig, dass der Arzt überprüft, ob die weitere Einnahme nötig ist. Oft ist das nicht der Fall. Manchmal werden Medikamente verschrieben, um ein momentanes Problem zu behandeln. Ein Beispiel wäre ein Hemmer der Magensäure-Produktion gegen akute Magenschmerzen. Leider wird aus der kurzfristigen Verschreibung oft eine dauerhafte Einnahme. Die Hemmung der Säureproduktion wirkt sich jedoch negativ auf den gesamten Körper aus – auch auf das Gehirn. So wird bei gestörter Säureproduktion Vitamin B12 aus der Nahrung nicht gut aufgenommen – das Alzheimer-Risiko steigt.[19] Die als Schlaf- und Beruhigungsmittel sowie als Angstlöser eingesetzten Medikamente aus der Klasse der Benzodiazepine stehen ebenfalls im konkreten Verdacht, das Alzheimer-Risiko zu erhöhen. Auch hier muss vor einer dauerhaften Einnahme gewarnt werden.[20] Dasselbe gilt für Cortisol-Präparate, wenn sie dauerhaft eingenommen werden. Auch sogenannte Anticholinergika, die häufig gegen Asthma und Allergien sowie Depressionen eingesetzt werden, sollten von Ihrem Arzt überprüft werden.[21] Eine Liste der Präparate, die nach neuesten Erkenntnissen im Verdacht stehen, bei längerfristiger Einnahme das Risiko einer Demenz zu erhöhen, ist unter der Nummer [22] in den Anmerkungen am Ende dieses Buches zu finden.

Sie sollten wissen, dass viele Medikamente überflüssig werden, wenn Sie Ihre Lebensweise artgerechter gestalten. Der Blutdruck kann sich normalisieren, dasselbe gilt für Ihren Blutzucker. Auch Ihr Cholesterinstoffwechsel benötigt dann sehr wahrscheinlich keine pharmazeutischen Präparate mehr.

Hingegen können andere Wirkstoffe von Vorteil sein. Nach neuesten Erkenntnissen könnten Frauen in den Wechseljahren bei der Alzheimer-Vorbeugung von einer Hormonersatztherapie profitieren. Hier empfehle ich jedoch keine synthetischen, sondern pflanzliche Hormone, die identisch mit den körpereigenen sind. So kann man dem Mangel ganz natürlich entgegenwirken. Wichtig ist jedoch, dass die Präparate kein zusätzliches Kupfer enthalten (außer wenn ein Mangel vorliegt, siehe oben). Wie schon erwähnt: Kupfer ist wie Eisen zwar ein wichtiges Spurenelement, steht aber – ebenfalls wie Eisen – bei Überschuss im Verdacht, Alzheimer mit zu verursachen. Diese Art der »Hormonersatztherapie« wird in Japan, China und bei vielen indigenen Völkern schon seit alter Zeit praktiziert. Hier essen Frauen mit dem Einsetzen der Wechseljahre gezielt Pflanzenprodukte, die reich an Östrogenen sind. Dazu gehören beispielsweise Sojabohnen und die Yamswurzel. Aus Letzterer werden heute gängige Präparate gewonnen. Hierdurch kann man den Hormonspiegel gezielt und kontrolliert im Normbereich halten. Neben dem Ausbleiben der Wechseljahrbeschwerden sind die Vorteile vielfältig. Dazu gehört meist ein besserer Schlaf ebenso wie das Verschwinden von Gelenkschmerzen, die die körperliche Aktivität einschränken. Zudem aktivieren weibliche Hormone die Bildung neuer

Hirnzellen im Hippocampus und wirken gezielt gegen einige weitere Krankheitsmechanismen bei Alzheimer.[23]

Aber auch die männlichen Hormone sind dazu fähig. Deren Produktion bleibt aber hoch, wenn man sein Leben körperlich aktiv gestaltet. So bleibt man geistig fit und kann sich bis ins höchste Alter seinem persönlichen Lebenssinn widmen.

SINN IM LEBEN

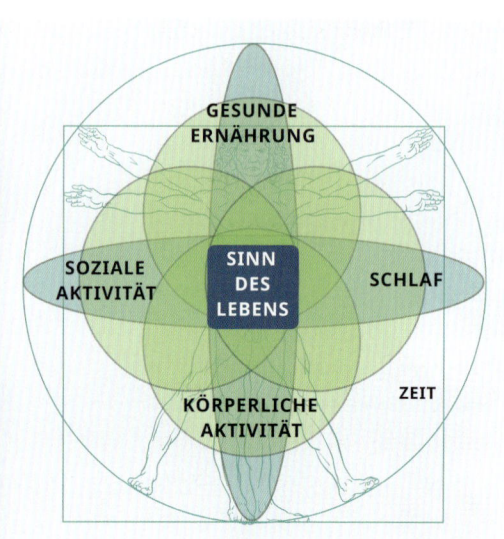

Ob das Leben an sich einen Sinn hat, darüber lässt sich diskutieren. Das tun Philosophen und Vertreter aller Religionen auch schon seit Jahrtausenden. Das ist theoretisch zwar interessant, bringt uns aber, praktisch gesehen, nicht wirklich weiter. Ob Ihr eigenes Leben einen Sinn hat, können Sie nur für sich selbst beantworten. Eine einfache Frage kann Ihnen dabei helfen. Sie lautet: Haben Sie einen Grund, morgens aufzustehen? Dabei geht es darum, ob eine für Sie wichtige Aufgabe auf Sie wartet. Wenn das so ist, dann gibt es etwas, das Sie begeistert, das heißt, Ihren Geist belebt. Diese Begeisterung sorgt für positiven Stress und neue Lebenserfahrungen. Beides lässt Ihren Hippocampus wachsen. Dadurch ist Ihr Risiko, eines Tages an Alzheimer zu erkranken, deutlich reduziert.

Worin liegt also der persönliche Sinn des Lebens? Pablo Picasso hat es einmal so ausgedrückt:

»Der Sinn des Lebens besteht darin, deine Gabe zu finden. Der Zweck des Lebens ist, sie zu verschenken.«

Eine Gabe und mit ihr eine Aufgabe zu haben ist wichtig. Lebenswichtig. Jeder Mensch hat eine. Schließlich sammeln wir alle wertvolle Lebenserfahrung, wenn wir älter werden. Das Mehr an Wissen, Erfahrungen und Fähigkeiten der Älteren war über den längsten Teil der Menschheitsgeschichte überlebenswichtig: für den älteren Menschen selbst und vor allem für die nachfolgenden Generationen. Für die Jüngeren da zu sein und die Lebenserfahrung an sie weiterzugeben war eine wichtige Aufgabe der Stammesältesten. Dies gab ihrem Leben Sinn bis ins höchste Alter.

Auf diesen Sinn und Zweck sind alle anderen Lebensbereiche ausgerichtet. Deshalb liegt der »Sinn im Leben« in der Formel gegen Alzheimer ganz zentral. Umso schlimmer ist es, dass dieser Sinn in unserer modernen Gesellschaft immer mehr verloren zu gehen droht. Der Kontakt zwischen der ältesten und der jüngsten Generation ist immer mehr unterbrochen. Die Rente, in körperlich anstrengenden Berufen sicher eine Wohltat, beraubt dennoch ältere Menschen einer erfüllenden Aufgabe – meist ersatzlos. Das ist problematisch.

Auch schwere Schicksalsschläge können dazu führen, dass einem Betroffenen das Leben vollkommen sinnlos erscheint. Dann gibt es die Möglichkeit, mithilfe einer Gesprächs- oder Psychotherapie dieses Trauma aufzuarbeiten und sich mit Unterstützung des Therapeuten erneut auf die Suche nach dem verloren gegangenen Sinn zu machen. Das ist wichtig! Muskeln bauen bekanntlich ab, wenn sie nicht gebraucht werden, deshalb müssen wir sie lebenslang trainieren. Das gilt aber auch für unser Gehirn, insbesondere den Hippocampus. Deshalb droht mit dem unnatürlichen Verlust des Lebenssinns nicht nur Depression, sondern auf Dauer auch Alzheimer.

Was tun? Glücklicherweise ist es Ihrem Hippocampus gleichgültig, welchen Sinn Sie Ihrem Leben geben. Hauptsache, Sie haben einen. Wenn Sie also keinen besonderen Grund haben, morgens aufzustehen, dann sollten Sie dringend eine Aufgabe finden, die Sie fordert. Vielleicht ist es ein Hobby, für das Sie bisher nie Zeit fanden. Ein Musikinstrument oder Schach spielen, malen oder töpfern. Vielleicht wollen Sie auch an der Volkshochschule einen Sprachkurs belegen oder nochmals ein Studium an der Universität absolvieren. Oder Sie pachten einen Schrebergarten und versorgen sich und Ihre Familie mit frischem Obst und Gemüse.

Einige weitere Vorschläge habe ich schon zuvor in dem Kapitel »Soziale Aktivität« gemacht. Aber auch wenn Sie die anderen Bereiche der Formel gegen Alzheimer ernsthaft befolgen, wird Ihr Gehirn sich

Mit dem unnatürlichen Verlust des Lebenssinns droht nicht nur Depression, sondern auf Dauer auch Alzheimer.

verjüngen – es wird wieder wie ein Schwamm, bereit dazu, neue Erfahrungen aufzusaugen. Dadurch eröffnen sich ganz neue Möglichkeiten. So gibt es unzählige soziale Projekte, in denen Sie sich einbringen können – mit und ohne formale Qualifikation. Man muss zum Beispiel nicht unbedingt Lehrer gewesen sein, um Schülern Nachhilfe zu geben. Oder um Flüchtlingen dabei zu helfen, unsere Sprache zu lernen, Rad zu fahren oder viele andere Dinge, die ihnen ihr Leben bei uns erleichtern.

Die wirtschaftliche Entwicklung bringt immer mehr Ungleichheit in die Welt. Sie sorgt bei uns für Überfluss und damit auch für eine Lebensweise, die unsere natürlichen Bedürfnisse ignoriert. Und damit bringt sie letztendlich auch Alzheimer mit sich. Umgekehrt sorgt diese Ungleichheit in vielen anderen Ländern für Armut ohne Hoffnung auf Besserung – und ebenso viele an sich vermeidbare Krankheiten. Wir können nicht auf eine zukünftige Weltregierung warten, die das Problem vielleicht grundlegend lösen könnte; wir müssen selbst für Ausgleich sorgen. So gibt es Vereine und Organisationen, die Hilfsprogramme gestalten, die Ihre Mitwirkung benötigen. Manche unterstützen Flüchtlinge vor Ort. Andere treiben in Entwicklungsländern Projekte voran, damit erst gar keine Notwendigkeit mehr besteht, dass Menschen ihre Heimat verlassen.

Hilfe ist somit Selbsthilfe. Nutzen Sie Ihre Zeit!

ZEIT

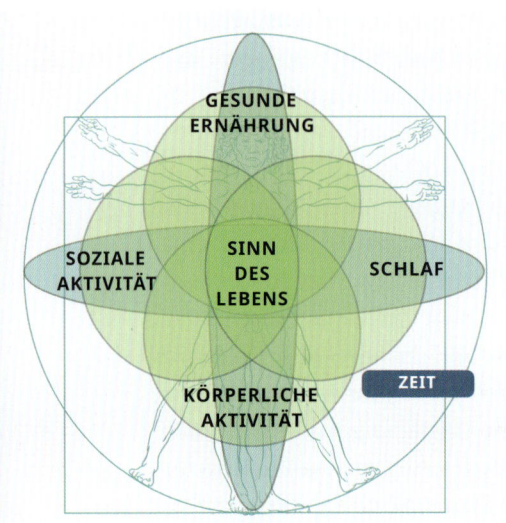

Um die Mängel zu beheben, die Alzheimer verursachen, benötigt es Zeit: Zeit zum Schlafen, Zeit für Bewegung, Zeit für soziale Aktivitäten und Zeit, um uns gesund zu ernähren. Finden wir keine Zeit für all diese natürlichen Bedürfnisse, wird Alzheimer zu einer Krankheit aus Zeitmangel.[24] Zeitmangel ist ein eigenständiger Risikofaktor. Wer ständig zu wenig Zeit hat, leidet unter chronischem Stress. Hohe Stresshormonspiegel verhindern ebenfalls das Wachstum des Hippocampus. Viele Menschen leiden unter Zeitmangel, weil sie die Zeit, die ihnen zur Verfügung steht, nicht ausgeglichen gestalten oder gestalten können. Es wird meist zu viel in eine Sache investiert, sodass für alles andere oft keine Zeit mehr übrig bleibt.

Ich kenne das aus eigener Erfahrung: So habe ich über viele Berufsjahre meine Zeit nahezu vollständig in die Arbeit und Karriere gesteckt. Über zwölf Stunden täglich, sieben Tage die Woche. Keine Zeit für Sport, dachte ich. Bis ich eines Tages den letzten Bus verpasste. Da blieb mir dann nichts anderes übrig, als nach Hause zu laufen. Erst ärgerte ich mich darüber, doch dann spürte ich, wie gut mir die körperliche Anstrengung tat. Bald joggte ich jeden Tag von der Arbeit zurück und kam entspannt zu Hause an. Dabei kostete mich der Weg nach Hause nicht einmal extra Zeit: Insgesamt brauchte ich in etwa so lange wie zuvor für den Weg zur Bushaltestelle, das Warten auf den Bus, die Fahrt zur letzten Haltestation und dann noch den Fußweg von dort nach Hause. Diese Erfahrung hat mich gelehrt: Indem ich einfach meinen

Tagesablauf an einer Stelle etwas anders gestaltete, wurde ein wichtiges Element der Formel gegen Alzheimer, nämlich körperliche Aktivität, zu einem Teil meines Lebens. Da ich entspannt nach Hause kam, machte der sportliche Heimweg auch mein Familienleben angenehmer.

Ich bin mittlerweile davon überzeugt, dass mit etwas Kreativität nahezu jeder Mensch seinen Tag ausgewogener gestalten kann – um auf diese Weise Alzheimer zu verhindern. Manche sehen das allerdings etwas anders. In seinem Artikel »Alzheimer vorbeugen – Was ist möglich?« beschreibt Prof. Dr. med. Konrad Maurer, wie seiner Ansicht nach ein perfekter Tag aussehen könnte, um sich vor der Demenz zu schützen:[25]

Morgens nach den ersten zwei Tassen Kaffee und einem Heidelbeermüsli einen grünen Tee kochen, rein in die Laufschuhe und eine Runde joggen und mit allen auf der Straße ein Schwätzchen beginnen. Dann zum Arzt. Im Wartezimmer angeregte Unterhaltungen führen und alles durchchecken lassen; schon ist Zeit für das Mittagessen. Lachs mit Brokkoli, dazu Tomatensalat und ein Glas Apfelsaft. Danach schnell ein Rätsel gelöst und dann ab in den Tanzkurs. Nach dem Nachmittagskaffee einen Kurs in Italienisch besuchen. Dabei ruhig und ausgeglichen eine Partnerin/Partner suchen, um dem Single-Dasein zu entgehen. Abends mit Freunden eine Runde Skat spielen, dazu ein Glas Rotwein. Leider bleibt dann zum Arbeiten keine Zeit mehr. Nun hat man alles richtig gemacht, aber leider den Job verloren. Dies kann zu einer schweren Depression führen und stellt somit einen neuen Risikofaktor dar.

Was will uns Professor Maurer mit dieser Beschreibung mitteilen? Dass man einerseits zwar weiß, worauf es ankommt, will man die Entstehung einer Demenz vermeiden. Dass dies also an sich möglich ist. Dass es andererseits aber in unserer heutigen Gesellschaft unmöglich ist, das Leben entsprechend zu gestalten. Und dass demnach Alzheimer letztendlich doch unvermeidbar ist. Aber ist das so?

Schauen wir uns seine Argumente genauer an. Wir arbeiten heutzutage etwa 38 Stunden pro Woche. Diese hat jedoch 168 Stunden. Die Frage, die sich für jeden von uns stellt, muss also doch lauten: Wie gestaltet man die restlichen 130 Stunden? Wenn man jede Nacht acht

*Einen Zeitverlust gravierender
Art bringt das Fernsehen mit sich.
Schon eine Stunde täglich erhöht laut
Statistik die Wahrscheinlichkeit, an
Alzheimer zu erkranken – und zwar
um etwa 30 Prozent.*

bis neun Stunden schläft, verbleiben immer noch 70 Wochenstunden. Sicher, man muss zur Arbeit fahren, auch das kostet etwas Zeit. Aber was hindert uns daran, das Fahrrad zu nutzen, anstatt im Bus oder Auto zu sitzen? Oder vielleicht sogar zu Fuß zu gehen, wenn möglich. Schon ist für ausreichend Bewegung gesorgt. Meist ohne großen Zeitverlust, möglicherweise sogar mit Zeitgewinn. Dasselbe gilt für den Weg zum lokalen Biomarkt: Auch hier könnte man sich selbst bewegen anstatt nur das Auto. Einen Zeitverlust gravierender Art bringt das Fernsehen mit sich. Schon eine Stunde täglich erhöht laut Statistik die Wahrscheinlichkeit, an Alzheimer zu erkranken – und zwar um etwa 30 Prozent. Der »Normalbürger« verbringt im Durchschnitt weit über drei Stunden täglich vor dem Fernseher. Damit verdoppelt sich schon dadurch das Alzheimer-Risiko. Das liegt aber nicht unbedingt an der Programmwahl, die Ursachen sind eher indirekt: Fernsehen stört den gesunden Schlaf und raubt uns Zeit. Die Zeit, etwas anderes zu tun, zum Beispiel Sport zu treiben oder sich mit anderen Menschen zu unterhalten. Oder vielleicht auch die Zeit, für sich selbst etwas Gesundes zu kochen. Dabei wäre das gut investierte Zeit. Zumal gesund zu essen nicht wesentlich mehr Zeit kostet als ungesund zu essen. Übrigens, der Empfehlung Prof. Maurers, täglich ein Glas Rotwein zu trinken, würde ich nicht folgen – das ist zu viel Alkohol, vor allem wenn man ihn regelmäßig zu sich nimmt. Auch den Apfelsaft würde ich weglassen – zu viel Fruchtzucker.

Zeit, die wir in die Formel gegen Alzheimer investieren, bekommen wir mit Zinsen zurück. Sie verlängert aber nicht nur das Leben an sich: Je abwechslungsreicher und damit hirngerechter wir unser Leben gestalten, desto mehr Zeit registriert der Hippocampus. Er ist unsere innere Uhr und Tagebuch zugleich. Das bedeutet, je mehr wir erleben und uns daran erinnern, desto länger erscheint uns unser Leben. Schließlich tickt die Uhr unseres Lebens in Erinnerungen.

Um herauszufinden, wie Sie Ihre Zeit ausgewogener gestalten können, folgender Tipp: Schreiben Sie für eine typische Woche auf, wie Sie Ihre Tage verbringen. Notieren Sie sich, wie viel Zeit Sie wofür aufwenden. Am Ende der Woche addieren Sie die einzelnen Bereiche auf: die

Zeit für Schlaf, Bewegung, Essen (einschließlich Einkaufen und Zubereiten), soziale Aktivitäten inklusive Arbeit, Fernsehen, Lesen etc.

Sie werden dann leicht erkennen, wo Sie sehr viel Zeit investieren und wo eventuell zu wenig. Vielleicht finden Sie so mehr Zeit für die Dinge, die tatsächlich lebenswichtig sind. Was zu diesen »Dingen« nicht gehört, sind tägliche Arztbesuche, die Prof. Maurer – sicherlich überspitzt – als Teil seines perfekten Tages betrachtet. Es ist zwar wichtig, sich regelmäßig untersuchen zu lassen, um eventuelle Mängel rechtzeitig zu erkennen und zu beheben (dazu kommen wir gleich noch ausführlicher). Allerdings kann man das in größeren Abständen tun. Vor allem wenn man artgerecht lebt und deshalb körperlich und geistig fit bleibt. So wird man auch weniger wahrscheinlich seinen Job verlieren: Schließlich bleibt man leistungsfähig und hält auch neuen beruflichen Herausforderungen besser stand. Somit gibt es keinen Grund, in Depression zu verfallen, die, wie Maurer ganz richtig bemerkt, Alzheimer mit verursachen könnte. Im Gegenteil: Ziel einer ausgewogenen Lebensweise ist schließlich, das Wachstum des Hippocampus anzuregen. Dies ist aufgrund neuester wissenschaftlicher Erkenntnis der beste Schutz vor einer Depression und letztendlich auch vor Alzheimer!

ALZHEIMER
EINFACH
THERAPIEREN

WARUM MEDIKAMENTE ALLEIN NICHTS NÜTZEN

Hatten Sie schon einmal eine bakterielle Entzündung? Vielleicht eine eitrige Angina oder Bronchitis? Dann bekamen Sie wahrscheinlich ein Antibiotikum verschrieben, und das gesundheitliche Problem war binnen weniger Tage gelöst.

Die therapeutischen Erfolge sind gut zu erklären. Die Ursache all dieser Erkrankungen sind Bakterien. Erhalten wir ein Medikament, das die für die Erkrankung verantwortlichen Bakterien tötet, ist Heilung möglich. Dasselbe therapeutische Vorgehen versucht man bei Alzheimer. Allerdings ohne jeglichen Erfolg. Sämtliche Versuche, ein wirksames Medikament zu entwickeln, schlugen bisher fehl. Mittlerweile sind es Hunderte. Auch die bereits zugelassenen Medikamente stoppen die Krankheit nicht. Sie haben kaum Wirkung, dafür aber viele unerwünschte Nebenwirkungen. Sie werden dennoch verschrieben, da es bislang keine Alternative gibt. Irgendetwas muss man ja tun.

Warum scheitert in diesem Fall die Pharmaindustrie? Sie kennen die Antwort schon: Bei Alzheimer liegen die tatsächlichen Ursachen in unserer Lebensweise. Grundlegende Mängel lassen sich nicht durch die Wirkung eines Medikaments beseitigen. Das ist nur durch eine gezielte Änderung der Lebensweise möglich. Ein solches Vorgehen erklärt auch die ersten Therapieerfolge.

ERSTE THERAPIEERFOLGE

Alzheimer konnte gestoppt und der geistige Abbau umgekehrt werden; Patienten erlangten ihr Erinnerungsvermögen wieder. Aber nicht durch ein Medikament, sondern durch Beheben der individuellen krankheitsverursachenden Mängel. Nur so kann der Hippocampus wieder neue

Nervenzellen bilden. Selbst im höheren Alter kann auf diese Weise die Erinnerungsfähigkeit zurückgewonnen werden. Bei einem sechsundsechzig Jahre alten Alzheimer-Patienten wurde damit ein Größenwachstum des Hippocampus von über 10 Prozent erreicht – und das im Verlauf von nur zehn Monaten.[26] Niemals zuvor ist eine so enorme Größenzunahme verzeichnet worden. Aber auch niemals zuvor hat man derart rigoros die ursächlichen Mängel beseitigt – und damit den Weg zur Heilung ermöglicht.

Diese Therapieerfolge wurden mittlerweile mehrfach wiederholt. Es sind also keine Zufälle. Stets mussten jedoch zwei Voraussetzungen erfüllt sein:

1. Die Therapie wurde noch im Frühstadium der Krankheit begonnen. Das bedeutet, die Krankheit wurde rechtzeitig diagnostiziert.

2. Sämtliche Mängel wurden behoben. Patienten zusammen mit ihrem Partner, Betreuern oder Angehörigen waren bereit, das Nötige dafür zu tun.

ALZHEIMER RECHTZEITIG ERKENNEN

Alzheimer ist ein Krankheitsprozess. Dieser wird in fortschreitende Stadien eingeteilt: früh, mittel und spät. Im ersten Teil dieses Buches habe ich Sie mit den wichtigsten frühen Anzeichen von Alzheimer vertraut gemacht. Mein dringender Rat: Nehmen Sie diese ernst, und werden Sie aktiv, wenn Sie diese bei sich feststellen sollten. Gehen Sie zum Therapeuten Ihres Vertrauens, und schildern Sie die Veränderungen, die Sie spüren. Er sollte, wenn er aufgrund seiner Untersuchung Ihre Befürchtungen teilt, Sie an einen Neurologen überweisen. Auch wenn

Sie bei einem Ihrer Angehörigen, Freunden oder guten Bekannten merken, dass etwas sich verändert hat, ignorieren Sie das nicht! Es gibt viele Ursachen für diese Krankheitszeichen, es muss kein Alzheimer sein. Deshalb ist eine ausführliche Diagnostik dringend geboten. Falls Alzheimer diagnostiziert werden sollte, rate ich dazu, mit der Therapie so schnell wie möglich zu beginnen.

DAS ALZHEIMER-THERAPIEPROGRAMM

Das hier vorgestellte Alzheimer-Therapieprogramm basiert auf den neuesten Erkenntnissen der Alzheimer-Forschung. Aber auch auf dem uralten Wissen, dass Heilung immer nur durch Selbstheilung geschieht. Selbst eine bakterielle Infektion heilt nur aus, wenn nach erfolgreicher

Wirkung eines Antibiotikums der Körper in der Lage ist, sich zu erholen. Deshalb verordnet man den Betroffenen viel Schlaf und gibt ihnen vitaminreiche und nicht allzu belastende Kost. Ziel ist die Unterstützung der Selbstheilung. Bei Alzheimer ist es nicht anders. Auch hier steckt die Fähigkeit zur Selbstheilung in uns: Unser Hippocampus kann wieder zu wachsen beginnen und sich regenerieren. Auch alte Nervenzellen können sich wieder verjüngen. Dies alles kann kein Medikament leisten, sondern nur der eigene Körper! Wir dürfen ihn nur nicht daran hindern. Dazu gehört, dass wir sämtliche Mängel beheben, die der Selbstheilung im Wege stehen. Aus diesem Grund besteht mein Alzheimer-Therapieprogramm aus zwei Maßnahmenpaketen, siehe nachfolgende Abbildung:

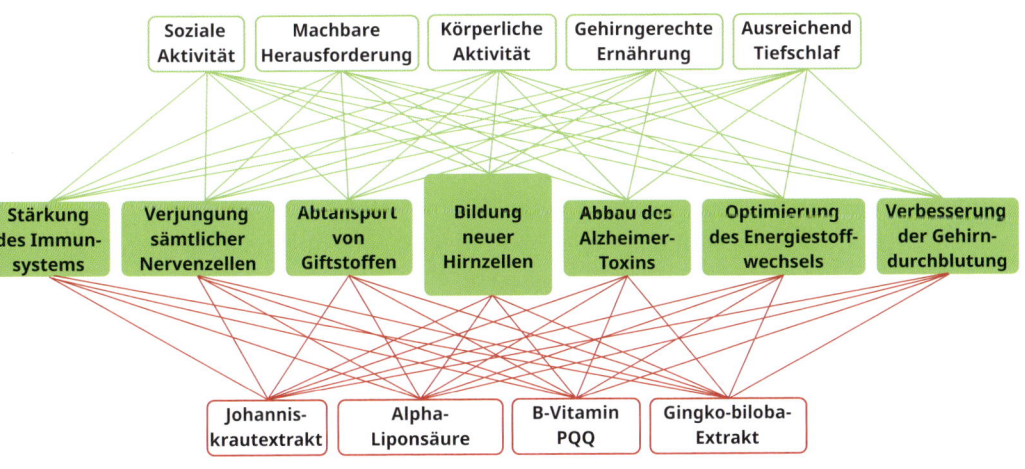

GRUNDLEGEND VORBEUGENDE MASSNAHMEN

Soziale Aktivität · Machbare Herausforderung · Körperliche Aktivität · Gehirngerechte Ernährung · Ausreichend Tiefschlaf

Stärkung des Immunsystems · Verjüngung sämtlicher Nervenzellen · Abtransport von Giftstoffen · Dildung neuer Hirnzellen · Abbau des Alzheimer-Toxins · Optimierung des Energiestoffwechsels · Verbesserung der Gehirndurchblutung

Johannis-krautextrakt · Alpha-Liponsäure · B-Vitamin PQQ · Gingko-biloba-Extrakt

ERGÄNZENDE THERAPEUTISCHE MASSNAHMEN

GRUNDLEGENDE VORBEUGENDE MASSNAHMEN

Diese kennen Sie schon aus dem zweiten Teil des Buches. Alle Bereiche der Formel gegen Alzheimer unterstützen direkt die Bildung neuer Hirnzellen im Hippocampus. Wie in der Abbildung zu sehen ist, tun sie dies aber auch indirekt auf vielfache Weise: durch Stärkung des Immunsystems, Verjüngung älterer Nervenzellen, Abtransport von Giftstoffen inklusive Abbau des Alzheimer-Toxins sowie Optimierung des Energiestoffwechsels und Verbesserung der Gehirndurchblutung. Nur wenn gewährleistet ist, dass keine grundlegenden Mängel bestehen, die der Selbstheilung im Wege stehen, kann die Therapie erfolgreich sein. Die grundlegenden vorbeugenden Maßnahmen sind allerdings nichts anderes als eine artgerechte Lebensweise. Es versteht sich daher von selbst, dass man sie auch nach Abschluss der Therapie lebenslang fortsetzen sollte.

ERGÄNZENDE THERAPEUTISCHE MASSNAHMEN

Diese benötigen im Gegensatz zu den lebenslangen vorbeugenden Maßnahmen etwa sechs Monate. Das liegt daran, dass es meist einige Wochen braucht, bis sämtliche Maßnahmen zur Tagesroutine werden. Dazu kommen nochmals etwa zwei Monate, bis eine neu entstandene Nervenzelle vollständig ausgereift ist.

Die hier vorgeschlagenen ergänzenden Maßnahmen sind meines Erachtens aus verschiedenen Gründen notwendig: zum einen, weil der Krankheitsprozess schon in Gang ist und sich verselbstständigt. Es ist sehr wahrscheinlich, dass der Patient es aus eigener Kraft nicht mehr schafft, den Prozess aufzuhalten. Er ist gewissermaßen in einem Teufelskreis gefangen. Solch ein Teufelskreis verhindert unter anderem die grundlegende Bereitschaft des Patienten, bei der Therapie mitzumachen. Dies erklärt sich folgendermaßen: Alzheimer-Patienten leiden aufgrund der gestörten Neubildung von Hirnzellen im Hippocampus unter einer Depression. Deshalb sind Stresshormone bei den Betroffenen in der Frühphase von Alzheimer typischerweise meist stark erhöht. In diesem Zustand werden ungewohnte Situationen gemieden. Schließlich würde die Begegnung mit zu viel Neuem den Stresslevel weiter erhöhen. Aus diesem Grund wehren sich Alzheimer-Patienten gegen Veränderungen. Die Umsetzung der grundlegenden lebensverändernden Maßnahmen ist dann unmöglich – obwohl sie dringend erforderlich wäre. Um diesen Teufelskreis zu durchbrechen, gibt es folgende Möglichkeiten. Sie sollten alle gemeinsam zur Anwendung kommen:

- **Unterstützung durch einen erfahrenen Arzt** und Verhaltenstherapeuten oder in Tiefenpsychologie ausgebildeten Psychotherapeuten. Eine vertrauensvolle Zusammenarbeit ist Voraussetzung dafür, dass der Patient bereit ist, die erforderlichen Maßnahmen umzusetzen. Ein Psycho- oder Verhaltenstherapeut kann darüber hinaus gezielt die individuellen Ursachen herausarbeiten, die den Betroffenen möglicherweise daran hindern – und ihm dann dabei helfen, diese auf praktische Weise zu beheben. Die Ursachen solcher Blockaden sind oft mit lebensgeschichtlichen Themen verbunden. Die vorgelebte oder erlernte Hilflosigkeit wirkt dann ins jetzige Dasein. Aus der Selbstbeobachtung im Sinne von »So war das eben bei uns ...« wird unbewusst ein »... und so muss es bleiben«. Diese krank machende »Loyalität« zum Familiensystem – meist aus Liebe und Tapferkeit geboren – kann im Rahmen einer Psychotherapie aufgelöst werden.

- **Unterstützung durch ein mildes Antidepressivum.** Hier empfehle ich das Extrakt aus Johanniskraut, »die Arnika der Nerven«. Johanniskrautextrakt ist ein hervorragendes Antidepressivum, weil es die Bildung neuer Hirnzellen im Hippocampus anregt. So kann es ebenfalls dabei helfen, den Teufelskreis der Antriebslosigkeit und Abwehr gegenüber den oben genannten Maßnahmen zu

Das Extrakt des Johanniskrauts
bezeichne ich als »mildes«
Antidepressivum, weil es, im
Gegensatz zu den meisten synthetischen
Antidepressiva, so gut wie keine
Nebenwirkungen hat.

überwinden. Darüber hinaus unterstützen Wirkstoffe des Johanniskrauts viele weitere Prozesse, die für eine Genesung wichtig sind. Sie sind allesamt wissenschaftlich belegt und durch die roten Striche in der Abbildung oben in ihrer Funktion dargestellt. Das Extrakt des Johanniskrauts bezeichne ich als »mildes« Antidepressivum, weil es, im Gegensatz zu den meisten synthetischen Antidepressiva, so gut wie keine Nebenwirkungen hat. So ist zwar eine erhöhte Empfindlichkeit der Haut gegen Sonneneinwirkung möglich. Diese ist aber selten, weniger als einer von tausend Patienten ist davon betroffen. Diese unerwünschte Nebenwirkung ist jedoch mit Sonnencreme meist gut zu beherrschen. Des Weiteren verstärkt Johanniskraut – ähnlich wie der Saft von Grapefruits – die Entgiftungsleistung der Leber. Das ist an sich eine gute Sache. Doch so manches andere Medikament, das der Körper als Giftstoff wahrnimmt, wird deshalb schneller ausgeschieden. Dadurch verliert es eventuell an Wirkung. Dies kann der Arzt jedoch durch eine Anpassung der Dosierung ausgleichen.

- **Unterstützung durch den Lebenspartner oder durch einen nahen Angehörigen.** Dies ist von allergrößter Bedeutung. Idealerweise setzt der Betreuer die grundlegenden vorbeugenden Maßnahmen auch gleich bei sich selbst ebenso um. So werden sie vom Patienten weniger als Teil der Therapie betrachtet, sondern vielmehr als das, was sie sind: eine artgerechte Lebensweise, die für jeden Menschen angeraten wäre. In einem Fall, bei dem der Ehepartner die vorbeugenden Maßnahmen mitmachte, verschwanden bei ihm Bluthochdruck und Gelenkbeschwerden. Zugleich motivierte er seine Ehefrau durch seine Begeisterung und Unterstützung. Meines Erachtens war gerade deshalb die Therapie erfolgreich: Ihr Gedächtnis

kam zurück.[27] Dieses Beispiel zeigt, dass es sich für alle Beteiligten lohnt, sich auf das Therapiekonzept einzulassen. Umgekehrt beobachten wir immer wieder, dass die Therapie zum Scheitern verurteilt ist, wenn die Unterstützung aus dem nahen Umfeld fehlt. Das ist leicht zu erklären: Kaum ein Patient wird für sich selbst gesund kochen, wenn er es nicht schon zuvor getan hat. Keiner wird zehntausend Schritte täglich gehen, wenn er nicht von sich aus einen Bewegungsdrang verspürt. Keiner wird sozial aktiv werden, wenn er sich (auch aufgrund der Erkrankung) lieber in sein Zimmer zurückzieht. Ohne einen fürsorglichen Partner fehlt es schlichtweg an »Compliance«. Dies ist der medizinische Begriff für die Befolgung der Vorgaben des Arztes. Oder schlichtweg für »Therapietreue«. Therapietreue ist wichtig bei der Umsetzung der grundlegenden Maßnahmen (die wir unter dem Thema Vorbeugung besprachen). Ebenso wird sie bei der Einnahme der weiteren Wirkstoffe gebraucht, die in der Abbildung oben zu sehen sind. Sie alle sollen unterstützend dabei wirken, wissenschaftlich erwiesene Teufelskreise der Alzheimer-Krankheit zu durchbrechen.

- **ALPHA-LIPONSÄURE** wird von Natur aus in nahezu allen menschlichen Zellen produziert. Eine der Hauptaufgaben der Alpha-Liponsäure ist der körpereigene Schutz vor Sauerstoffradikalen. Diese entstehen auf ganz natürliche Weise als Nebenprodukte im Energiestoffwechsel. Allerdings haben sie die Eigenschaft, Zellen und Gewebe zu schädigen, falls sie im Überschuss gebildet werden. Vor diesem Überschuss schützt uns die Alpha-Liponsäure. Sie ist sogar so leistungsfähig, dass sie andere »Sauerstoffradikal-Fänger« wie Vitamin C, E und viele weitere wieder aktiviert, falls sie dabei verbraucht werden. Alpha-Liponsäure wirkt deshalb auch stark entzündungshemmend. Dadurch hilft sie indirekt bei der Bildung neuer Hirnzellen im Hippocampus. Schließlich hemmt eine Entzündung deren Neubildung. Alpha-Liponsäure hat aber noch einige andere Eigenschaften, die bei Alzheimer von therapeutischem Wert sind. So bindet sie Metall-Ionen, darunter die von Quecksilber, Aluminium, Cadmium, Blei, überschüssigem freiem Kupfer und vielen anderen, die unser Gehirn schädigen. An Alpha-Liponsäure gebunden, werden diese giftigen Stoffe über die Niere ausgeschieden. Diese Entgiftung ist für den Therapieerfolg mit entscheidend. Darüber hinaus unterstützt Alpha-Liponsäure den Abbau des Alzheimer-Toxins. Nicht zuletzt verbessert Alpha-Liponsäure den Zuckerstoffwechsel. Dieser ist bei Alzheimer insbesondere im Bereich des Hippocampus gestört. Die Blutzucker senkende Wirkung ist aber auch einer der Gründe dafür, weshalb stets ein erfahrener Therapeut die Einnahme überwachen sollte. Für die Therapie empfehle ich 300 bis 600 Milligramm täglich, und zwar die natürliche rechtsdrehende (r)-Alpha-Liponsäure.

- **PQQ (PYRROLOCHINOLINCHINON)** wird den B-Vitaminen zugerechnet. Es kommt in grünen Gemüsen vor. Wie die Alpha-Liponsäure schützt PQQ uns vor überschüssigen Sauerstoffradikalen und vor der Wirkung des Alzheimer-Toxins. Zudem hemmt es dessen Bildung. Aber es hat noch eine weitere nützliche Eigenschaft, die den Einsatz in der Therapie rechtfertigt: PQQ stimuliert die Regeneration sämtlicher Nervenzellen. Im Jahr 2016 wurde der Medizin-Nobelpreis für die Entdeckung des dafür verantwortlichen Mechanismus verliehen. Dieser verjüngt nicht nur die Nervenzellen, er verbessert dadurch auch die Energieversorgung des Hippocampus. Damit wirkt PQQ zusammen mit Ketonkörpern und Bewegung, die über denselben Mechanismus zur Zellverjüngung beitragen. Eine weitere positive Wechselwirkung bei Alzheimer wurde für PQQ mit Lithium beschrieben. Die Dosierung von Lithium, wie ich sie bei den vorbeugenden Maßnahmen beschrieben habe, reicht dafür völlig aus. Die tägliche Dosis von PQQ liegt bei etwa 20 Milligramm. Unerwünschte Wirkungen sind bei dieser Menge nicht bekannt.

- **GINKGO-BILOBA-EXTRAKT**
  Extrakte von Ginkgo biloba fördern die Hirndurchblutung. Das ist gut für das Gehirn und hilft gegen Alzheimer. Das Wirkungsspektrum des Extrakts ist jedoch ebenfalls weitaus vielseitiger:[28] So hemmen seine Wirkstoffe Entzündungsprozesse und die Entstehung des Alzheimer-Toxins. Zudem verbessern sie die Energieproduktion in den Nervenzellen. Wie Johanniskrautextrakt aktiviert auch das Extrakt von Ginkgo biloba die Bildung neuer Nervenzellen

im Hippocampus. Aufgrund positiver klinischer Studien mit Demenz-Patienten empfiehlt die Weltgesundheitsorganisation dessen Einsatz in der Therapie. Seit 2016 haben sich die deutschen medizinischen Fachgesellschaften dieser Empfehlung angeschlossen. Das weltweit am besten untersuchte Extrakt hat die Nummer 761. Es hat nur sehr selten unerwünschte Wirkungen. Deshalb sollte entweder das Ginkgo-biloba-Extrakt 761 in der Alzheimer-Therapie eingesetzt werden oder ein Präparat, das in seiner Zusammensetzung mit diesem vergleichbar ist. Die Dosierung liegt bei etwa 240 bis 500 Milligramm am Tag. Ginkgo biloba verbessert wie Johanniskraut die Leberentgiftung. Deshalb sollte der behandelnde Therapeut auch beim Einsatz von Ginkgo biloba darauf achten, ob die Wirkung anderer verordneter Medikamente beeinflusst wird. Gegebenenfalls müsste er auch hier die Dosierung korrigieren oder andere Medikamente einsetzen.

WO FINDE ICH EINEN THERAPEUTEN?

Immer mehr Ärzte und Therapeuten bieten das hier beschriebene Alzheimer-Therapieprogramm in ihrer Praxis an. Einige haben sich zu einem Netzwerk zusammengeschlossen. Sie finden es über das Internet unter:

www.michael-nehls.de/atnn-netzwerk.htm

Vielleicht unterstützt Sie Ihr Hausarzt/Ihre Hausärztin oder Ihr Therapeut/Ihre Therapeutin, auch wenn er/sie das Programm bisher noch nicht kennt. Gerne sende ich ihm/ihr – ohne irgendwelche Verpflichtungen und völlig kostenfrei – einen Therapieleitfaden und viele weitere nützliche Unterlagen für die praktische Umsetzung. Er/sie kann mich dazu über meine Website kontaktieren:

www.michael-nehls.de

SCHLUSS-
BEMERKUNGEN

DAS ENDE VON ALZHEIMER?

Alzheimer ist vermeidbar und im Frühstadium heilbar. Doch bedeutet dies auch das Ende dieser Krankheit? Das war lange Zeit meine Hoffnung und Antrieb meiner Bemühungen. Es war vielleicht eine naive Vorstellung von mir, dass alle Menschen, die Angst vor Alzheimer haben, die Chance wahrnehmen, sich davor zu schützen. Doch dies ist (noch) nicht der Fall.

WORAN LIEGT DAS? ES GIBT VIELE GRÜNDE DAFÜR.

- Es besteht ein großes wirtschaftliches Interesse daran, dass sich an unserer Lebensweise nichts ändert. Das betrifft unter anderem die traditionelle Landwirtschaft, die Milch- und Fleischindustrie sowie Lebensmittel- und Pharmakonzerne. Alle profitieren und investieren, um unsere Lebensweise und somit auch unser Kaufverhalten marktkonform zu erhalten. Auf einen Hinweis auf einen hirngesunden Lebensstil (wie dieses Buch) kommen Tausende Werbebotschaften, die mit dem Gegenteil locken. Diese »Erziehung« zu einem ungesunden Lebensstil fängt schon in der Kindheit an.

- Lange wurde uns weisgemacht, Alzheimer werde durch das Alter verursacht; eine Änderung der Lebensweise nütze daher nicht viel. Diese Fehleinschätzung ist leider immer noch ein weitverbreitetes Dogma. Auch viele Ärzte sind nach wie vor der Meinung, dass nur Pillen helfen. Patienten und deren Angehörigen wird daher nicht die Hilfe angeboten, die sie benötigen.

- Viele Menschen haben zwar Angst vor Alzheimer. Sogar sehr große Angst. Aber noch mehr Angst haben die meisten vor Veränderung. Vor allem wenn es um lieb gewonnene Gewohnheiten geht. Erschwerend kommt hinzu: Je mehr sie sich dem Ausbruch der Alzheimer-Krankheit nähern oder je weiter die Krankheit fortgeschritten ist, desto schwieriger wird es, die krank machenden Mängel abzustellen.

Die Erkenntnisse darüber, was eine gesunde Lebensweise auszeichnet, sind noch recht neu, und Veränderungen benötigen Zeit. Durchschnittlich dauert es eine Generation, bis neue wissenschaftliche Erkenntnisse überkommene Vorstellungen weitgehend ersetzt haben. Doch um darauf zu warten, fehlt uns schlichtweg die Zeit! Denn Tatsache ist: Zum einen erkranken und sterben weiterhin Menschen sinnlos an vermeidbaren Krankheiten wie Alzheimer. Tausendfach mehr als beispielsweise infolge von ebenso sinnlosen Terrorattentaten. Dennoch beherrschen Letztere die Nachrichten und die politische Diskussion. So wird die Entwicklung unserer Kultur durch Ängste geleitet, die völlig unverhältnismäßig sind. Hier muss sich schleunigst etwas ändern. Zum anderen hält unser Planet vermutlich keine weitere Generation einer Menschheit aus, die Raubbau an der eigenen Gesundheit und an der Umwelt treibt. Wir hinterlassen unseren Kindern und Enkeln schon jetzt keinen gesunden Lebensraum mehr. Und es wird immer schlimmer, wenn wir so weitermachen wie bisher. Auch hier bietet uns die Vorbeugung gegen Krankheiten wie Alzheimer eine Chance.

Wie hängt das zusammen? Alzheimer kann nur verschwinden, wenn wir artgerechter leben. Und wenn wir das tun, leben wir auch umweltschonender:

- Würden mehr oder alle Menschen ihre Gesundheit ernst nehmen, dann würde auch vermehrt nach ökologisch produzierter Nahrung verlangt. Das würde das Ende des flächendeckenden Einsatzes von Pestiziden bedeuten und damit ein Ende des daraus resultierenden Artensterbens.

- Würden Menschen weniger Fleischwaren konsumieren, wäre das das Ende der Massentierhaltung. Und damit auch das Ende der Verschmutzung des Grundwassers durch die Ausbringung von Gülle. Es wäre außerdem das Ende der Zerstörung südamerikanischer Regenwälder für die Produktion von Viehfutter aus Sojabohnen.

- Würden die Menschen sich wieder häufiger selbst bewegen, dann würde mehr Auto- durch Fahrradverkehr ersetzt. Damit würde die Feinstaub- und Stickoxidbelastung in den Städten erheblich sinken.

- Würden Menschen Algenöl zu einem neuen Grundnahrungsmittel machen, könnte die Überfischung der Ozeane beendet werden.

- Würden Menschen weitgehend auf Plastik verzichten, würde das weitere Zumüllen der Weltmeere beendet.

Und das sind nur einige wenige Beispiele. Durch ein Umdenken in der breiten Bevölkerung würde sich ein kollektives, der Natur zugewandtes Bewusstsein entwickeln, das alle Lebensbereiche beeinflusst. Der Mensch würde sich nicht mehr außerhalb der Natur sehen, sondern wieder als ein Teil von ihr. Kultur und Natur wären keine Gegensätze mehr.

All das muss aber jetzt passieren, nicht erst morgen oder übermorgen. Wir haben schlichtweg keine andere Wahl, als schnell umzudenken und unser Verhalten zu ändern. Nur so können wir Alzheimer und damit auch gleich die Angst davor besiegen.

Durch ein Umdenken in der breiten Bevölkerung würde sich ein kollektives, der Natur zugewandtes Bewusstsein entwickeln, das alle Lebensbereiche beeinflusst.

MOTIVATION UND THERAPIETREUE

Diese Dringlichkeit sollte jedem Menschen ausreichend Motivation liefern, noch heute damit zu beginnen, wo nötig seine Lebensweise zu ändern. Das gilt ganz besonders für diejenigen, bei denen Alzheimer diagnostiziert wurde. Aber auch bei anderen vermeidbaren Krankheiten, wie zum Beispiel Typ-2-Diabetes, Bluthochdruck und Gefäßverkalkung oder Gicht. Bei all diesen sogenannten Volkskrankheiten ist die Aussicht auf vollständige Genesung nur durch eine artgerechte Lebensweise möglich.

Dennoch schlucken die meisten Menschen weiterhin lieber Medikamente. Selbst wenn sie damit nur Symptome oder irgendwelche Blutwerte behandeln und demzufolge keine vollständige Heilung erwarten können. Aber selbst denjenigen, die tatsächlich die Chance auf eine Therapie wahrnehmen wollen, wie ich sie beschrieben habe, fehlt es oftmals an Therapietreue. Aufgrund des Gesetzes des Minimums ist diese aber die wesentliche Voraussetzung dafür, dass sich ein vollständiger Therapieerfolg einstellen kann: Kein entscheidender Mangel darf ignoriert werden.

Was sind die möglichen Gründe für eine mangelhafte Therapietreue? Die Weltgesundheitsorganisation hat sich damit beschäftigt und mehrere Bereiche identifiziert, die die Therapietreue beeinflussen. Hier folgen nun diejenigen, die meines Erachtens für Alzheimer von Bedeutung sind:

1. BILDUNGSSTAND

Je niedriger die Bildung, desto größer ist das Erkrankungsrisiko für Alzheimer. Nach einer kürzlich durchgeführten Umfrage begreift über die Hälfte der Menschen in Deutschland nicht, was ihr Arzt ihnen sagt. Das ist ein Problem. Schließlich ist kaum jemand dazu bereit, sein Leben

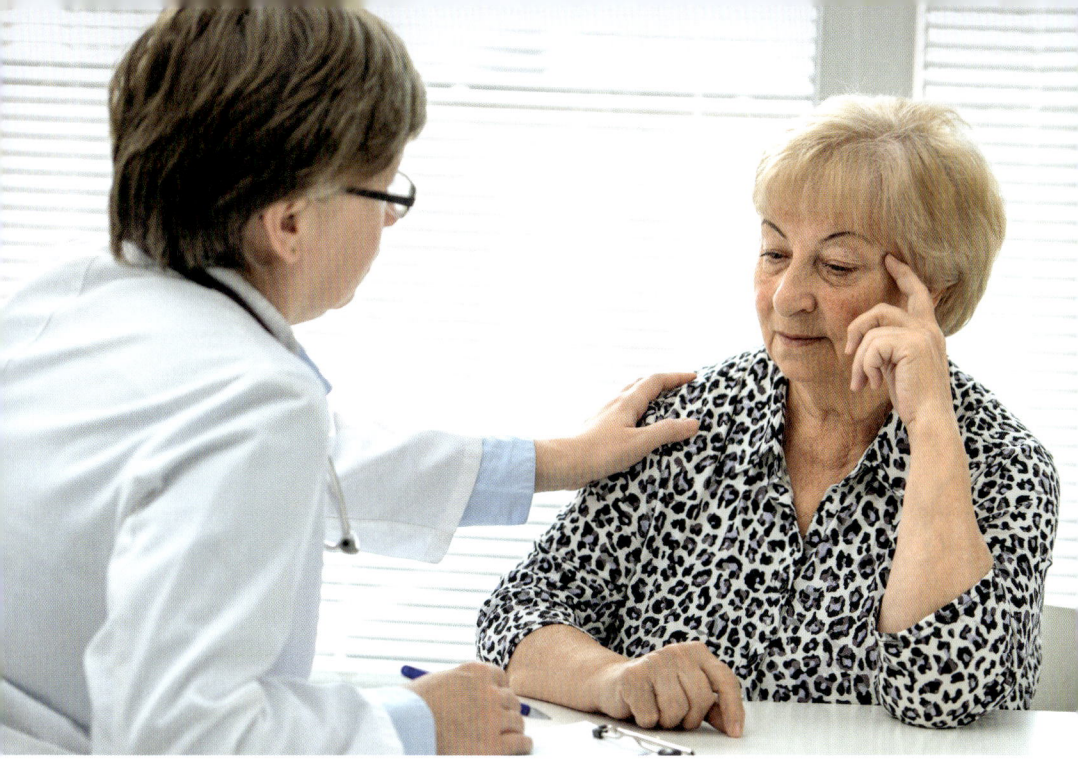

zu ändern, wenn er nicht versteht, warum er das eigentlich tun soll. Mangelndes Wissen verhindert die Bereitschaft, lebensverändernde Maßnahmen umzusetzen. Deshalb ist Aufklärung wichtig, wenn nötig in einfacher Sprache. Hier ist der Therapeut gefordert.

2. FÄHIGKEIT ZUM EIGENVERANTWORTLICHEN HANDELN

Patienten, die sich in der Frühphase von Alzheimer befinden, sind vergesslich und leiden unter einer depressiven Grundstimmung. Beides behindert den Behandlungserfolg oder macht ihn sogar unmöglich. Deshalb sollte ein (noch geistig gesunder) Partner die Führung in der Therapie übernehmen. Eine Alternative wären Rehazentren, in denen Betroffene für eine gewisse Zeit stationär aufgenommen werden. Dort könnten sie behutsam zurück in ein gesundes Leben geführt werden. Solche Zentren gibt es allerdings bisher noch nicht. Das sollte sich ändern.

3. NEBENWIRKUNGEN

Viele Medikamente haben unerwünschte Wirkungen, die das Wohlbefinden des Patienten stören. Dadurch wird oft die Bereitschaft gehemmt, diese wie verordnet einzunehmen. Dies ist ein großes Problem bei der derzeitigen pharmazeutischen Standardtherapie. Bei den vorgeschlagenen alternativen Wirkstoffen sind solche Nebenwirkungen jedoch so gut wie nicht zu erwarten.

4. KOMPLEXITÄT DER THERAPIE

Diese ist hoch, weil es meist mehrere Mängel sind, die zugleich behoben werden müssen. Dazu kommt, dass eine Änderung der Lebensweise eines der schwersten Dinge überhaupt ist. Schließlich müssen alle diese Veränderungen in den Lebensbereichen stattfinden, wo Patienten meist genau das Gegenteil gewohnt sind. Auch hier kann und muss ein fürsorgliches Umfeld die entsprechende Unterstützung leisten.

5. KOSTEN

Leider werden (noch) nicht alle aus meiner Sicht notwendigen medizinischen Leistungen von den Kassen übernommen. Der Patient muss daher einen gewissen Teil der Kosten selbst tragen. Dies sollte aber in keinem Fall die Therapie verhindern. Nach bisheriger Erfahrung entspricht die finanzielle Gesamtbelastung durch diese Therapie für den Patienten etwa den Kosten für einen Monat im Pflegeheim. Die Investition lohnt sich daher nicht nur wegen der wiedergewonnenen Lebensqualität. Schließlich geht es ja auch darum, die Aufnahme in ein Pflegeheim über Jahre zu verzögern oder gar völlig unnötig zu machen. So spart man letztendlich Geld – und zwar sehr viel Geld.

Noch besser wäre es natürlich, früh genug den Teufelskreis zu durchbrechen, den schon der berühmte Philosoph Voltaire (1694–1778) beschrieb: »In der ersten Hälfte unseres Lebens opfern wir unsere Gesundheit, um Geld zu erwerben, in der zweiten Hälfte opfern wir unser Geld, um die Gesundheit wiederzuerlangen.« Das zu verhindern wäre das Ziel einer vorbeugenden Lebensweise im Einklang mit den Bedürfnissen der eigenen Natur. Doch hier geht es nun um die Frage nach dem Ziel der Therapie. Was soll und kann eigentlich erreicht werden?

THERAPIEZIELE

Idealweise wird die Krankheit im Frühstadium erkannt und durch die hier vorgestellten Maßnahmen aufgehalten. Darüber hinaus soll das Erinnerungsvermögen wieder zurückkehren. Der Betroffene soll seine Alltagskompetenz behalten oder – falls er sie bereits verloren hat – wieder zurückgewinnen. Das ist das Ideal, an dem man sich orientieren kann. Ob man das Ziel erreicht, hängt jedoch von einigen Faktoren ab. Über mangelnde Therapietreue hatten wir gerade gesprochen. Hier noch zwei weitere, die wichtig sind:

- **FALSCHE ODER UNVOLLSTÄNDIGE DIAGNOSE**
  Es gibt oft verschiedene Ursachen für dieselben Krankheitszeichen. Deshalb ist eine umfassende Untersuchung vor Beginn der Therapie wichtig. Aber selbst wenn Alzheimer als wahrscheinlich diagnostiziert wurde, können zusätzlich noch weitere Krankheiten vorliegen. Alzheimer kommt selten allein. Beispielsweise könnten die Folgen eines Schlaganfalls einen vollständigen Therapieerfolg verhindern.

- **ZU SPÄTER THERAPIEBEGINN**
  Zerstörtes Gehirngewebe außerhalb des Hippocampus kann sich nicht erholen. Ist die Alzheimer-Krankheit schon über die Frühphase hinaus fortgeschritten, ist deshalb eine vollständige Genesung vermutlich nicht mehr erreichbar. Das soll jedoch nicht bedeuten, dass dann überhaupt

nichts zu erreichen wäre und man es erst gar nicht versuchen sollte. Zum Minimalziel gehört meines Erachtens, eine Verschlechterung des Zustands zu verhindern oder zumindest zu verzögern. Damit würde man schon mehr erreichen als mit gängigen Therapieverfahren, die nur in der Gabe weitgehend wirkungsloser Medikamente bestehen. Aus all diesen Gründen ist ein frühes Erkennen und Einschreiten wichtig. Noch besser wäre es, mit einer vorbeugenden Lebensweise schon vor dem Ausbruch von Alzheimer zu beginnen. Hier ist Wissen die entscheidende Voraussetzung dafür – und die Bereitschaft, selbst die Verantwortung für die eigene Gesundheit zu übernehmen.

SELBSTVERANTWORTUNG UND SCHULDFRAGE

Wie Sie nun wissen, altert unser Gehirn nur, wenn wir es zulassen. Alzheimer ist eine Mangelkrankheit. Mit dieser Erklärung habe ich sehr viel Kritik geerntet:

- Von Professoren, die weiterhin an ihrer Vorstellung festhalten, Alzheimer sei unvermeidbar. Dass ich aus dieser Ecke kritisiert werde, ist nachvollziehbar. Sie gehen davon aus, dass uns nur ein Medikament helfen kann. Daran forschen diese Kritiker. Würden sie nun davon ausgehen, dass Alzheimer eine Mangelkrankheit ist, wäre der Krankheit aber nur durch ein Beheben des jeweiligen Mangels beizukommen. Dann müssten sie jedoch die Art und Richtung ihrer Forschung hinterfragen und auch das, was sie in Zukunft öffentlich kundtun.

- Von Pflegeleitungen und Angehörigen von Alzheimer-Patienten. Hier lautet die Kritik, dass ich denjenigen, die an Alzheimer erkrankt sind, nun auch noch die Schuld für ihr Leiden gebe. Hier kann ich nur antworten, dass man Verantwortung für sein Tun nur übernehmen kann, wenn man das dafür nötige Wissen hat. Ich fordere daher mehr Aufklärung. Nur mit Bildung und der Anleitung zum eigenständigen Denken ist selbstverantwortliches Handeln möglich. Trotzdem wird mein Ansinnen, Menschen durch Weitergabe lebenswichtiger Informationen zu helfen, immer wieder »verteufelt«. Deshalb ...

EIN »TEUFLISCHER« RAT ZUM SCHLUSS

Die meisten Menschen wollen alt werden, doch keiner möchte alt sein. So suchte auch schon Johann Wolfgang von Goethe (1749–1832) in der Person des Gelehrten Faust im gleichnamigen Theaterstück nach einem Elixier, das ihn wieder verjüngt. Mephistopheles liefert eine natürlichere Alternative:[29]

> *Dich zu verjüngen, gibt's auch ein natürlich Mittel;*
> *Allein es steht in einem andern Buch,*
> *Und ist ein wunderlich Kapitel.*

FAUST:
> *Ich will es wissen.*

MEPHISTOPHELES:
> *Gut! Ein Mittel, ohne Geld*
> *Und Arzt und Zauberei zu haben:*
> *Begib dich gleich hinaus aufs Feld,*
> *Fang an zu hacken und zu graben*
> *Erhalte dich und deinen Sinn*
> *In einem ganz beschränkten Kreise,*
> *Ernähre dich mit ungemischter Speise,*
> *Leb mit dem Vieh als Vieh, und acht es nicht für Raub,*
> *Den Acker, den du erntest, selbst zu düngen;*
> *Das ist das beste Mittel, glaub,*
> *Auf achtzig Jahr dich zu verjüngen!*

FAUST:
> *Das bin ich nicht gewöhnt, ich kann mich nicht bequemen,*
> *Den Spaten in die Hand zu nehmen.*
> *Das enge Leben steht mir gar nicht an.*

MEPHISTOPHELES:
> *So muss denn doch die Hexe dran.*

Dr. Faust beziehungsweise Goethe möchte sich »nicht bequemen«. Ein Leben im Einklang mit der (eigenen) Natur widerstrebt ihm. Er entscheidet sich gegen eine artgerechte Lebensweise. So bleibt ihm nur die Hoffnung auf ein Elixier, von einer Hexe gebraut. Mit katastrophalen Folgen, wie jeder weiß, der das Stück bis zum Ende angeschaut oder gelesen hat.

Was Alzheimer betrifft, kann die Pharmaforschung nicht hexen. Es wird in absehbarer Zeit keinen »Zaubertrank« geben, kein Medikament, das uns vor Alzheimer schützt. Aber was der Teufel stattdessen rät – nämlich eine gesunde Lebensweise –, das war schon zu Goethes Zeiten möglich, und daran hat sich bis heute nichts geändert.

Ob Sie seinen Rat annehmen, ist Ihre Entscheidung.

WICHTIGER HINWEIS

Sämtliche Inhalte dieses Buches wurden – auf Basis von Quellen, die der Autor und der Verlag für vertrauenswürdig erachten – nach bestem Wissen und Gewissen recherchiert und sorgfältig geprüft. Trotzdem, und darauf weist der Autor auch immer wieder hin, stellt dieses Buch keinen Ersatz für eine individuelle medizinische Beratung dar. Wenn Sie medizinischen Rat einholen wollen, konsultieren Sie bitte einen qualifizierten Arzt. Verlag und Autor haften für keine nachteiligen Auswirkungen, die in direktem oder indirektem Zusammenhang mit den Informationen stehen, die in diesem Buch enthalten sind.

DANK

Mein Dank für die hilfreichen Kommentare und hervorragenden inhaltlichen Anregungen geht an Dr. med. Sorina Kunert, Fachärztin für Gynäkologie und Endokrinologie sowie Master of Science in Preventive Medicine; Diplompsychologin Maren Hansen, Tiefenpsychologin und Psychotherapeutin; Christian Bornholdt, Facharzt für Allgemeinmedizin, Osteopathie und Chirotherapie; Dr. med. Bernhard Dickreiter, Facharzt für Innere Medizin, Physikalische Rehabilitative Medizin sowie Naturheilkunde. Mein Dank für die hilfreichen Anmerkungen beim Redigieren dieses Buches geht an Dr. Ulrike Strerath-Bolz. Ich danke Simone Ruths von rosavision, die dieses Buch mit ihren frischen Ideen gestalterisch umsetzte. Heike Plauert, meine Lektorin bei Heyne, trieb in gewohnter Weise mit sehr viel Einfühlungsvermögen und Verständnis das Lektorat voran. Nicht zuletzt möchte ich einmal mehr meiner Frau Sabine danken, die auch dieses Buch wie all meine bisherigen Bücher in jeder Fassung kritisch überarbeitete und es dabei mehr als nur sprachlich verbesserte.

ANMERKUNGEN

[1]   www.zeit.de/2008/30/Alzheimer; 22.07.2008

[2]   Kirsch-Mayer, W.: Behandlung schon »vor dem Vergessen«. Mannheimer Morgen 22.9.2016; S.19

[3]   Nehls, M.: Unified theory of Alzheimer's disease (UTAD): implications for prevention and curative therapy. J Mol Psych 2016; www.ncbi.nlm.nih.gov/pubmed/27429752

[4]   Bredesen, D. E.: Reversal of cognitive decline: a novel therapeutic program. Aging 2014, 6: 707–771; www.ncbi.nlm.nih.gov/pubmed/25324467

[5]   Nehls, M.: Die Alzheimer-Lüge – Die Wahrheit über eine vermeidbare Krankheit. Heyne 2014, S. 143

[6]   www.swr.de/-/id=17944116/property=download/nid=660374/6tih2i/swr2-wissen-20160921.pdf; www.swr.de/swr2/programm/sendungen/wissen/alzheimer-stand/-/id=660374/did=17944114/nid=660374/4hadoa/index.html

[7]   Topiwala, A., et al.: Moderate alcohol consumption as risk factor for adverse brain outcomes and cognitive decline: longitudinal cohort study. BMJ 2017, www.ncbi.nlm.nih.gov/pubmed/28588063

[8]   www.chip.de/news/Besser-schlafen-gesuender-arbeiten-Diese-Downloads-schonen-Ihre-Augen_88486348.html

[9]   Nehls, M.: Unified theory of Alzheimer's disease (UTAD): implications for prevention and curative therapy. J Mol Psychiatry 2016; www.ncbi.nlm.nih.gov/pubmed/27429752

[10]   Newman, J. C., Verdin, E.: Ketone bodies as signaling metabolites. Trends Endocrinol Metab 2014, 25:42–52; www.ncbi.nlm.nih.gov/pubmed/24140022

[11]   November 2014; S.6: www.vzhh.de/ernaehrung/357454/Lebensmittelinformationsverordnung%20Hintergrundinformation.pdf

[12]   Gu, Y., et al.: Food combination and Alzheimer disease risk: a protective diet. Arch Neurol 2010, 67: 699-706; Morris MC et al.: Dietary fats and the risk of incident Alzheimer disease. Arch Neurol 2003, 60:194–200

[13]   Eine Liste lithiumhaltiger Mineral- und Heilwasser finden Sie hier: www.originalhealth.net/3606

[14]   www.foodwatch.org/uploads/media/Uran-in-Mineralwasser_20090518_01.pdf

[15]   29.6.2006: www.test.de/Gruener-Tee-Pestizide-in-japanischem-Tee-1390145-2390145/

[16]   24.6.2013: http://mlr.baden-wuerttemberg.de/de/unser-service/presse-undoeffentlichkeitsarbeit/pressemitteilung/pid/bio-haelt-was-es-verspricht;
Barański, M., et al.: »Higher antioxidant and lower cadmium concentrations and lower incidence of pesticide residues in organically grown crops: a systematic literature review and meta-analyses«, Br J Nutr V. 112, 2014, S. 794–811

[17] Chauhan, K., Agarwal, A.: Vitamin B12 supplementation and cognitive scores in geriatric patients with Mild Cognitive Impairment. Functional Foods in Health and Disease 2016, 6: 578-586; https://ffhdj.com/index.php/ffhd/article/download/276/531

[18] www.omegametrix.eu

[19] Gomm, W. et al.: Association of Proton Pump Inhibitors With Risk of Dementia: A Pharmacoepidemiological Claims Data Analysis. JAMA Neurol 2016, 73:410–416; www.ncbi.nlm.nih.gov/pubmed/26882076; Lam JR et al.: Proton pump inhibitor and histamine 2 receptor antagonist use and vitamin B12 deficiency. JAMA 2013, 310:2435–2442; www.ncbi.nlm.nih.gov/pubmed/24327038

[20] Billioti de Gage, S., et al.: Benzodiazepine use and risk of Alzheimer's disease: case-control study. BMJ. 2014; www.ncbi.nlm.nih.gov/pubmed/25208536

[21] Gray, S. L., et al.: Cumulative use of strong anticholinergics and incident dementia: a prospective cohort study. JAMA Intern Med 2015, 175:401–407; www.ncbi.nlm.nih.gov/pubmed/25621434

[22] www.agingbraincare.org/uploads/products/ACB_scale_-_legal_size.pdf

[23] Mikkola, T. S., et al.: Lower Death Risk for Vascular Dementia Than for Alzheimer's Disease With Postmenopausal Hormone Therapy Users. J Clin Endocrinol Metab 2017, 102:870–877

[24] www.michael-nehls.de/index_htm_files/Zeitpresse%20Winter%202014-2015.pdf

[25] www.med-kompass.de/PDF/bundesweit_11/3639Alzheimer_P36.
pdf

[26] Bredesen, D. E., et al.: »Reversal of cognitive decline in Alzheimer's
disease«, Aging V. 8, 2016, S. 1250–1258; www.ncbi.nlm.nih.gov/pmc/
articles/PMC4931830/

[27] www.swr.de/-/id=17944116/property=download/nid=660374/
6tih2i/swr2-wissen-20160921.pdf; www.swr.de/swr2/programm/sen-
dungen/wissen/alzheimer-stand/-/id=660374/did=17944114/
nid=660374/4hadoa/index.html

[28] Shi, C., et al.: »Ginkgo biloba extract in Alzheimer's disease: from
action mechanisms to medical practice.«, Int J Mol Sci V. 11, 2010, S.
107–123; www.ncbi.nlm.nih.gov/pubmed/20162004

[29] Goethe, J. W. von: Faust: Eine Tragödie.

WEITERE BÜCHER DES AUTORS

DIE ALZHEIMER-LÜGE

Die Wahrheit über eine vermeidbare Krankheit

München: Heyne 2014

In diesem Buch liefert der Autor eine umfassende wissenschaftliche Erklärung dafür, weshalb selbst das höchste Lebensalter geistig gesund erreichbar ist. Aufgrund dessen muss die Entwicklung von Demenz und insbesondere von Alzheimer unnatürlich sein – trotz aller gegenteiligen Behauptungen von Experten, die davon ausgehen, dass das Alter die Ursache ist, und auf medikamentöse Lösungen hoffen. Der Autor liefert einen konkreten Plan, wie Alzheimer erfolgreich vermieden werden kann.

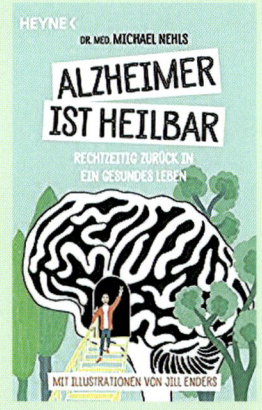

ALZHEIMER IST HEILBAR

Rechtzeitig zurück in ein gesundes Leben

München: Heyne 2015

Ein schlagender Beweis dafür, dass Alzheimer durch eine natürliche Lebensweise vermeidbar sein muss, gelang mit der weltweit ersten erfolgreichen Therapie. In diesem Buch zeigt der Autor, dass unsere Erinnerungszentrale bis ins höchste Alter fähig ist, zu wachsen und sich zu regenerieren. Darum ist der geistige Abbau bei Alzheimer im Frühstadium der Erkrankung noch umkehrbar. In »Alzheimer ist heilbar« erfährt der Leser, was aus welchen Gründen konkret zu tun ist, um den geistigen Abbau umzukehren.

DIE METHUSALEM-STRATEGIE

Vermeiden, was uns daran hindert, gesund älter und weiser zu werden

Vörstetten: Mental Enterprises 2011

»Es findet ein Massensterben statt! Es grassiert in den reichsten Ländern der Erde.« Die Haupttodesursachen sind aber nicht Hungersnöte, Kriege oder terroristische Anschläge, sondern Zivilisationskrankheiten, denn sie rauben fast jedem von uns Jahrzehnte an wertvoller Lebenszeit. Das Buch erklärt verständlich die Ursachen dieser unnatürlichen Entwicklung, aber auch, wie man mithilfe der Methusalem-Strategie auf völlig natürliche und gesunde Weise ein langes Leben genießen kann.

HERAUSFORDERUNG RACE ACROSS AMERICA

4800 km Zeitfahren von Küste zu Küste

Vörstetten: Mental Enterprises 2012

Das Race Across AMerica (das RAAM) gilt als das härteste Ausdauer-Radrennen der Welt. Als übergewichtiger Manager, der zwei Jahrzehnte keinen Sport mehr getrieben hatte, kaufte sich der Autor ein Fahrrad mit dem primären Ziel, dem drohenden Herzinfarkt davonzufahren. Langsam verbesserte sich seine Fitness. Nach sechs Jahren Training nahm er am RAAM teil. Diese extreme sportliche Herausforderung gleicht einem Leben im Zeitraffer, denn jeder Fehler, jeder Mangel, wird sofort bestraft. So wurde die RAAM-Teilnahme zum Test für die Methusalem-Strategie – mit durchschlagendem Erfolg.

DEMENZ VORBEUGEN

Mediterran essen

Lenzburg, Schweiz: Fona 2017

Privatdozent Dr. med. Michael Nehls, Arzt und Wissenschaftler, gibt hier einen kurzen Einblick in die biologischen Grundlagen zur erfolgreichen Vorbeugung gegen Alzheimer und viele weitere dementielle Erkrankungen. Koautor Dr. med. Volker Schmiedel trägt seine praktische Erfahrung im Bereich essenzieller Nahrungsbestandteile bei. Erica Bänziger liefert dazu eine hirngesunde Küche voller schmackhafter mediterraner Rezepte.

KOPFKÜCHE

Das Anti-Alzheimer-Kochbuch

Lünen: Systemed 2017

Das krankhafte Vergessen im Alter ist keine Einbahnstraße: Es wird immer deutlicher, dass Lebensstilfaktoren – und ganz besonders die Ernährung – die Entstehung und die Entwicklung dementieller Erkrankungen entscheidend beeinflussen. Doch viele Ernährungsmythen halten uns davon ab, uns hirngesund zu ernähren. Dieses Familienkochbuch aus dem Hause Nehls bringt die neuesten wissenschaftlichen Ergebnisse einfach erklärt und in Form von leicht nachkochbaren Rezepten direkt auf den Tisch derjenigen, die ihre geistige Zukunft nicht dem Schicksal überlassen wollen.

REGISTER

Penguin Random House Verlagsgruppe FSC® N001967
6. Auflage
Copyright © 2018 by Wilhelm Heyne Verlag, München,
in der Penguin Random House Verlagsgruppe GmbH,
Neumarkter Straße 28, 81673 München
produktsicherheit@penguinrandomhouse.de
(Vorstehende Angaben sind zugleich Pflichtinformationen nach GPSR)

Redaktion: Dr. Ulrike Strerath-Bolz
Umschlaggestaltung: yellowfarm, s. freischem, unter Verwendung eines
Motivs von shutterstock.com/mila leev
Gestaltung, Bildkonzept, Illustration, Satz: rosavision, Simone Ruths,
www.rosavision.de
Bildredaktion: Tanja Zielezniak

Abbildungen: Sämtliche Rezeptfotos stammen von Sabine Nehls.
Weitere Motive: iStockphoto: 10 (alentinrussanov), 11 (pixologicstudio),
13 (BakiBG), 16, 43 (AleksandarNakic), 19 (seb_ra), 21 (wildpixel), 24 (amenic181),
29 (Prasit Rodphan), 35 (Highwaystarz-Photography), 39 (PeopleImages),
40 (Jakob Helbig), 42, 148 (franckreporter), 46 (Sam Edwards), 51 (Squared-
pixels), 55 (manyakotic), 57 (LSOphoto), 59 (fersurfer), 65 (Searsie), 69,
77 (fcafotodigital), 72 (olgakr), 75 (S847), 82 (showcake), 87 (MonthiraYodtiwong),
89 (SarapulSar38), 131 (Steve Debenpor), 133 (GrigoryLugovoy), 135 (Anet-
landa), 141 (manfeiyang), 144 (flyparade), 154, 171 (AlexRaths), 158 (rezkrr), 160
(jacoblund), 163 (ooyoo), 169 (Maryna Patzen), 174 (RoBeDeRo); Shutterstock: 31
(Everett Historica); Simone Ruths: 5, 8, 33, 90, 91, 150, 165 (Ginkgo-
Illustration), 14, 36, 44, 49, 61, 142, 146 (Freepik), 155 (Grafik)

Druck und Bindung: Alföldi Nyomda Zrt., Debrecen
Printed in Hungary
ISBN: 978-3-453-20275-7

www.heyne.de